# बरेली का इतिहास – भाग २

## पीलीभीत – पांचाल की उत्तरी सीमा

एडवोकेट रजत बिन्दल

*"बरेली का इतिहास" श्रृंखला – भाग २*

पीलीभीत – पांचाल की उत्तरी सीमा

प्रथम संस्करण: 2026

प्रकाशक: Notion Press, Chennai

# समर्पण

*उन टीलों को –*

*जो 117 साल से किसी का इंतज़ार कर रहे थे।*

*उस सभ्यता को –*

*जो मिट्टी के नीचे दबी है और पुकार रही है।*

*और पीलीभीत के उन लाखों लोगों को –*

*जो अपनी जड़ों को जानना चाहते हैं।*

# विषय-सूची

# प्रस्तावना

*अहिच्छत्र से पीलीभीत तक – एक जुनून की यात्रा*

**"बरेली का इतिहास" श्रृंखला – भाग २**

*" इतिहास हमें चुनता है –*

*हम उसे नहीं चुनते। "*

*– लेखक*

*अहिच्छत्र से पीलीभीत तक – एक जुनून की यात्रा*

**उस दिन – अहिच्छत्र**

उस दिन दोपहर की धूप बड़ी तीखी थी। मैं अहिच्छत्र की मिट्टी में अपने पैर धो रहा था। हाँ – सुना आपने सही। पैर धो रहा था। क्योंकि उस मिट्टी को छूना – उस मिट्टी को अपने बदन पर महसूस करना – एक ऐसा अनुभव था जिसे मैं शब्दों में नहीं बाँध सकता। यह कोई साधारण मिट्टी नहीं थी। यह वह मिट्टी थी जिसे कभी महाराज द्रुपद के चरणों ने स्पर्श किया होगा। यह वही आँगन था जहाँ द्रौपदी बचपन में खेली होंगी। यह वही भूमि थी जहाँ गुरु द्रोण ने अर्जुन के साथ मिलकर द्रुपद को पराजित किया था।

पास ही खड़ा था एक YUP स्तम्भ। मैं उसकी लंबाई-चौड़ाई नाप रहा था। उँगलियाँ उसकी हर रेखा को छू रही थीं। और मन में एक ही विचार था – इस पत्थर को उन हाथों ने भी छुआ होगा जो इतिहास बन गए। शायद द्रुपद के किसी सेनापति ने। शायद किसी ऐसे योद्धा ने जो कुरुक्षेत्र गया और लौटकर नहीं आया।

और जब लेलोर झील में नौका विहार किया – उसी झील में जहाँ कहते हैं युधिष्ठिर और यक्ष के बीच वह अमर संवाद हुआ था – तब मेरी आँखें झील को नहीं देख रही थीं। मेरी आँखें उस दृश्य को देख रही थीं जो हज़ारों साल पहले यहाँ हुआ था। युधिष्ठिर – घुटनों तक पानी में। यक्ष – निराकार, अदृश्य। और

वे प्रश्न – जो आज भी भारतीय दर्शन की आत्मा हैं। वह पानी आज भी वैसा ही था। बस लोग बदल गए थे।

**शरीर का रोम-रोम खड़ा हो गया था।**

रातों की नींद उड़ गई। हर रात आँखें बंद करता तो द्रुपद का दरबार नज़र आता। द्रौपदी का वह चीरहरण नज़र आता – जिसने पूरे भरत वंश को झकझोर दिया था। और फिर नज़र आता वह भयंकर महाभारत का युद्ध – जिसने इस उपमहाद्वीप के अस्सी प्रतिशत पुरुषों को काल के गाल में धकेल दिया था।

*क्या हुआ होगा उसके बाद?*

*युधिष्ठिर ने किस पर राज किया होगा?*

*जब पुरुष मर गए थे – तब केवल स्त्री जाति ने किस जिजीविषा से इस वंश को आगे बढ़ाया होगा?*

*वह महाभारत जिसमें भगवान राम के वंशज भी कौरवों की तरफ से लड़ते हुए मारे गए थे – उसके बाद इस धरती पर क्या बचा होगा?*

ये सवाल रात को जगाते थे। ये सवाल दिन को बेचैन रखते थे। और ये सवाल मुझे एक ऐसी राह पर धकेल रहे थे – जिसका अंत मुझे नहीं पता था।

**जब इतिहास किताब से बाहर निकला**

## प्रस्तावना

जब कोई कहानी सुनते हैं – तो ध्यान केवल कहानी तक सीमित रहता है। राजा ने यह किया, रानी ने वह कहा – और कहानी खत्म। लेकिन जब किसी पौराणिक महत्त्व के स्थल पर स्वयं जाते हैं, वहाँ की मिट्टी में हाथ डालकर वस्तुएँ उठाते हैं, स्थानीय लोगों से बैठकर पुरानी बातें सुनते हैं, सौ साल पुराने Gazetteer और फ़ाह्यान जैसे यात्रियों के संस्मरण पढ़ते हैं – तब इतिहास की परत-दर-परत खुलती चली जाती है। जो दिखता नहीं वह दिखने लगता है। जो सुनाई नहीं देता वह गूँजने लगता है।

अहिच्छत्र में जब ग्रामीणों से बातें हुईं – वे बुज़ुर्ग जिनके पास उनके दादा-परदादा की सुनी बातें थीं। जब लेलोर झील के किनारे रात को आग जलाकर मास्टर साहब के साथ बैठकर देर तक बातें हुईं – तब ऐसी जानकारियाँ मिलीं जो किसी किताब में नहीं लिखी थीं। ऐसे तथ्य, ऐसी स्मृतियाँ – जो केवल उस मिट्टी में रचे-बसे लोगों के पास होती हैं। यह वह ज्ञान है जो किसी library में नहीं मिलता। यह मिलता है तो केवल उस धरती पर जाकर।

**मेरा जुनून सर चढ़कर बोलने लगा।**

अब लग रहा था – यहाँ बहुत कुछ है। ऐसा इतिहास है जो न किसी ने सुना है, न किसी ने पढ़ा है। जो बुला रहा है। पुकार रहा है। और इस पुकार को मैं नज़रअंदाज़ नहीं कर सका।

**केवल अहिच्छत्र क्यों?**

शोध जारी था। पांचाल संग्रहालय की दीर्घाओं में घंटों बिताए। उन काली चमकदार NBPW pottery के टुकड़ों को हाथ में लेकर देखते हुए मन में एक सवाल उठा – जिसने फिर चैन से नहीं बैठने दिया।

**केवल अहिच्छत्र क्यों?**

कोई भी सभ्यता एक जगह सीमित होकर नहीं रहती। पांचाल राज्य का विस्तार केवल एक टीले तक नहीं हो सकता था। अगर राजधानी अहिच्छत्र में थी – तो उत्तरी सीमा कहाँ थी? पांचाल के वे घने वन कहाँ थे जिनमें पांडवों ने वनवास काटा था? गोमती नदी का उद्‌गम कहाँ था – वह नदी जो महाभारत में पांचाल-अवध की जीवन-रेखा है? अगर यहाँ इतना इतिहास है – तो इससे आगे, इससे उत्तर में, क्या है?

दो महीने की कड़ी मेहनत। रातों को जागकर पुराने Gazetteer पढ़े। महाभारत के भौगोलिक संदर्भों को map पर उतारा। ASI की पुरानी reports खँगालीं। और एक दिन – 1909 के Pilibhit District Gazetteer का एक पृष्ठ पलटा।

एक line ने रोक दिया।

*"The most important archaeological ruins in the district are those at Balai Khera near Jahanabad."*

*– Pilibhit District Gazetteer, H.R. Nevill ICS, 1909*

जिला – पीलीभीत। बरेली-पीलीभीत रोड पर। पीलीभीत से नौ किलोमीटर पहले। थाना जहानाबाद से तीन किलोमीटर आगे। एक गाँव।

**बलाई खेड़ा।**

और तब – एक पल के लिए सब ठहर गया। क्योंकि जिला पीलीभीत का अर्थ था – वह पीलीभीत – जहाँ मैं पैदा हुआ था।

**जन्मभूमि का बुलावा**

जाने क्यों आँखें भर आईं।

इतने वर्षों से बरेली में रह रहा था। बरेली का इतिहास लिखा। अहिच्छत्र की धरती पर शोध किया। पांचाल संग्रहालय में महीनों बिताए। और इतिहास मुझे घुमाता-फिराता अंत में वहीं ले आया – जहाँ से मेरी यात्रा शुरू हुई थी। मेरी जन्मभूमि। पीलीभीत।

वे विशालकाय टीले – जो बचपन से न जाने कितनी बार सपनों में दिखे थे। जो जाने कब से मुझे पुकार-पुकारकर थक गए थे। वे इसी बलाई खेड़ा में थे। पीलीभीत से नौ किलोमीटर पहले। जिस रास्ते से मैं न जाने कितनी बार गुज़रा था – क्या उन टीलों ने मुझे देखा होगा? क्या उन्होंने आवाज़ दी होगी – और मैं सुन नहीं सका था?

शायद मेरा इंतज़ार कर रहे थे।

शायद यह मिट्टी मुझे बुला रही थी।

लेकिन जब पहुँचा – तो जो देखा, वह देखकर दिल दहल गया।

NHAI और उसके ठेकेदार उन विशालकाय टीलों को JCB और crane से काट रहे थे। सड़क बनानी थी। और उसके लिए – हज़ारों साल पुरानी सभ्यता को रोड-रोलर से कुचला जा रहा था। जमीन पर बिखरी पड़ी थीं वे लाल ईंटें – जो कभी किसी मंदिर की दीवार रही होंगी। बिखरे पड़े थे वे मृद्भांड – जिनमें कभी किसी माँ ने अपने बच्चे को अनाज दिया होगा। और उस कटी हुई दीवार में – हड्डियाँ। किसी ऐसे इंसान की हड्डियाँ जो हज़ारों साल पहले इसी धरती पर जिया था।

वे टीले खून के आँसू बहा रहे थे। उनकी सिसकारियाँ मुझ तक पहुँच गई थीं। और पीलीभीत का एक बेटा पहुँच गया था – अपनी जन्मभूमि के दुःख-दर्द को समझने। उसकी आवाज़ बनने। उसकी कहानी दुनिया तक पहुँचाने।

### वह प्रेरणा – वे लोग जिन्होंने राह दिखाई

इस पुस्तक को लिखने की प्रेरणा सबसे पहले मुझे मिली डॉ. प्रिया सक्सेना जी से। रुहेलखण्ड विश्वविद्यालय के इतिहास विभाग की विभागाध्यक्ष। और पांचाल संग्रहालय के क्यूरेटर डॉ. राजीव यादव जी से – जिन्होंने संग्रहालय के वे दरवाज़े खोले जो आमतौर पर बंद रहते हैं।

***रोहिल खंड यूनिवर्सिटी इतिहास विभाग की विभागाध्यक्ष डॉ प्रिया सक्सेना को बरेली का इतिहास भाग १ भेंट करते हुए***

जब "बरेली का इतिहास" लेकर डॉ. सक्सेना जी के पास गया और भेंट की – तो उन्होंने उस

पुस्तक को पांचाल संग्रहालय में स्थान दिलाया – वह संग्रहालय जो स्वयं पांचाल राज्य की विरासत का संरक्षक है। एक लेखक के लिए इससे बड़ा सम्मान और क्या होगा?

**बीस हज़ार लोगों का प्यार – और एक नई ज़िम्मेदारी**

सच कहूँ तो – "बरेली का इतिहास – भाग प्रथम" का कोई आधिकारिक विमोचन नहीं हुआ। कोई Foreword नहीं। कोई

प्रचार-प्रसार नहीं। कोई बड़ा समारोह नहीं। बस एक जुनून था – और वह पुस्तक लोगों के हाथों में पहुँची।

फिर जो हुआ – वह मेरी कल्पना से परे था।

बीस हज़ार से अधिक लोग। लोगों ने उसे सराहा, उसे चाहा। जो मुझे जानते भी नहीं थे वे फोन करके, मिलकर कह रहे थे – "अपनी धरती का इतिहास पहली बार इस तरह जाना।" लोग मुझे सातवें आसमान पर बिठाने लगे। और तब अहसास हुआ – यह काम केवल मेरे लिए नहीं है। यह उन लाखों लोगों के लिए है जो अपनी जड़ों को जानना चाहते हैं।

माननीय जिलाधिकारी बरेली से जब मिला – तो उन्होंने मुझे बरेली के नाथ नगरी प्रोजेक्ट में शामिल किया। एक अदने से लेखक के लिए यह क्षण किसी पुरस्कार से कम नहीं था।

***जिलाधिकारी बरेली श्री डा. अविनाश कुमार सिंह के साथ***

इसी प्रोत्साहन ने मेरे जुनून को नई उड़ान दी। और उसी उड़ान में मैं पहुँचा – पीलीभीत।

**माननीय जिलाधिकारी पीलीभीत – वह बीस मिनट**

बलाई खेड़ा के बाद – वह NBPW pottery हाथ में लेने के बाद, वे हड्डियाँ देखने के बाद, वह कटता हुआ टीला देखने के बाद – मैं पहुँचा माननीय जिलाधिकारी पीलीभीत श्री ज्ञानेंद्र सिंह जी के पास।

व्यस्त अधिकारी। हर पल कोई फाइल, हर पल कोई बैठक। लेकिन उन्होंने बीस मिनट निकाले। विस्तार से सुना। बलाई खेड़ा पर तत्काल action का वायदा किया। और फिर उन्होंने एक बात बताई – जिसने मुझे स्तब्ध कर दिया।

***जिलाधिकारी पीलीभीत श्री ज्ञानेंद्र कुमार सिंह जी के साथ***

उन्होंने कहा – "जानते हैं – गोमती नदी गंगा से भी पुरानी है।"

एक पल के लिए दम रुक गया। गोमती – जिसका उद्गम इसी पीलीभीत की फुलहर झील से होता है। गंगा से भी पुरानी। इसका अर्थ है – जब भगीरथ अभी गंगा को धरती पर लाने का संकल्प भी नहीं कर पाए थे, जब राम के पूर्वज भी इस धरती पर नहीं थे – तब भी गोमती यहाँ बह रही थी। तब भी पीलीभीत की यह धरती जीवित थी।

**यह सुनकर रूह काँप गई।**

उन्होंने अपना visiting card दिया। ADM साहब से परिचय कराया। और स्वयं कहा – "आइए, पुस्तक देकर साथ में एक फोटो लेते हैं।" एक जिलाधिकारी ने एक लेखक से फोटो माँगी। इस यात्रा का सबसे अविस्मरणीय क्षण था यह।

**बीस हज़ार लोग – सोलह घंटे में**

जब बलाई खेड़ा की तस्वीरें – वह कटता हुआ टीला, वह NBPW pottery, वह intact brick wall – DM के साथ मुलाकात की तस्वीर के साथ Facebook पर share कीं – तो सोलह घंटों में आठ हज़ार से अधिक लोगों ने देखा।

पीलीभीत जाग रहा था। वे अपनी विरासत को पहचान रहे थे। वे यह जानकर हतप्रभ थे कि उनके शहर में एक 2,500 साल पुरानी सभ्यता दफ़न है – और उसे सड़क बनाने के लिए नष्ट किया जा रहा है।

यह प्रतिक्रिया – यह जन-जागरण – मुझे और भी ज़िम्मेदार बना गया। अब यह केवल मेरी किताब नहीं थी। यह पीलीभीत के लाखों लोगों की भावना बन गई थी। उनकी आवाज़ बन गई थी।

**संकेत – एक नई दिशा**

जनता की इच्छा। अधिकारियों का सहयोग। जन्मभूमि का बुलावा। यह सब संयोग नहीं लगता।

शायद कुछ ऐसी शक्ति है जो इस यात्रा को दिशा दे रही है। यह न केवल इस मंडल को भारत के इतिहास के मानचित्र पर स्थापित करेगा – बल्कि शायद यह मुझे भी कुछ संकेत कर रहा है। एक ऐसी दिशा जिसका अंत मुझे नहीं पता। लेकिन जिस पर चलना मेरी नियति है।

पीलीभीत ने मुझे चुना था।

मैं आ गया था।

यह किताब उसी बुलावे का जवाब है। यह उस मिट्टी को नमन है – जिसमें मैं पैदा हुआ। यह उन टीलों का शुक्रिया है – जिन्होंने मुझे पुकारा। और यह उन सभी लोगों के लिए है – जो अपनी धरती को, अपनी जड़ों को, अपने इतिहास को जानना चाहते हैं।

**इस पुस्तक के बारे में**

*"पीलीभीत – पांचाल की उत्तरी सीमा" तीन धाराओं का संगम है। पहली – महाभारत और पौराणिक परंपरा। दूसरी – बलाई खेड़ा और राजा वेणु टीले के पुरातात्विक साक्ष्य। तीसरी – एक*

# प्रस्तावना

*लेखक की व्यक्तिगत यात्रा – जो अपनी जन्मभूमि को उसका गौरव लौटाने निकला।*

यह पुस्तक पांचाल संग्रहालय के शोध के आधार पर, अहिच्छत्र के स्थल भ्रमण की स्मृतियों के साथ, और पीलीभीत की उस माटी को नमन करते हुए लिखी गई है – जिस माटी ने मुझे जन्म दिया, जिसने मुझे बुलाया, और जिसने मुझे यह कहानी सौंपी।

"यह किताब एक शोधकर्ता की यात्रा है – कोई academic thesis नहीं। जो देखा, वह लिखा। जो प्रश्न उठे, वह पूछे। उत्तर खुदाई देगी।"

लिखते लिखते एक अच्छी खबर . प्रधानमंत्री जी को मेरे द्वारा बलाई खेडा की अवैध खुदाई कि शिकायत पर भारतीय पुरातात्विक सर्वेक्षण की एक टीम ने बलाई खेडा और राजा वेणु का किला का सर्वेक्षण किया है और मेरे अनुमान को स्वीकृति दी है कि उक्त साईट कुषाण वंश , गुप्ता वंश और हर्ष वर्धन काल का होना स्वीकार है .रिपोर्ट परिशिष्ट में है .

यह यात्रा जारी है।

**रजत बिन्दल एडवोकेट**

9917149977

rajatbindal5@gmail.com

*बरेली,* २६ *जून* २०२६

प्रस्तावना

**अध्याय १**

## पीलीभीत की पहचान

*The Land Before Time – भूगोल, नदियाँ और प्राचीन सीमाएँ*

*"जिस भूमि को तुम साधारण*
*समझते हो –*

*वह भूमि कभी देवताओं की*
*क्रीड़ास्थली थी।"*

*– महाभारत*

### एक नाम – और उसके पीछे हज़ारों साल

---

**पीलीभीत।**

यह नाम सुनते ही ज़्यादातर लोगों के मन में क्या आता है? एक छोटा-सा जनपद। उत्तर प्रदेश के उत्तरी छोर पर। नेपाल की सीमा से लगा हुआ। बाँसुरी बनाने वाला शहर। बाघों का जंगल। बस।

लेकिन जब इस नाम के पीछे जाते हैं – जब इस ज़मीन की परतें उठाते हैं – तो जो दिखता है वह आपको स्तब्ध कर देगा।

यह वह भूमि है जहाँ **गंगा से भी पुरानी गोमती नदी** का जन्म होता है। यह वह भूमि है जहाँ **महाभारत के राजा मयूरध्वज** का राज्य था – जिनकी भक्ति के आगे स्वयं अर्जुन ने सिर झुकाया था। यह वह भूमि है जहाँ **द्रौपदी के पिता राजा द्रुपद** के पांचाल राज्य की उत्तरी वन-सीमा थी। यह वह भूमि है जहाँ पांडवों ने अपने वनवास के कुछ वर्ष बिताए थे।

और यह वह भूमि है – जहाँ आज भी, ज़मीन के नीचे, ढाई हज़ार साल पुरानी सभ्यता सोई हुई है।

लेकिन इस सभ्यता को जानने से पहले – इस भूमि को जानना ज़रूरी है। इसका भूगोल। इसकी नदियाँ। इसकी सीमाएँ। क्योंकि इतिहास हमेशा ज़मीन से पैदा होता है।

## भौगोलिक परिचय – शिवालिक की गोद में

---

पीलीभीत उत्तर प्रदेश के सबसे उत्तरी जनपदों में से एक है। उत्तर में नेपाल की सीमा। पूर्व में लखीमपुर खीरी। दक्षिण में शाहजहाँपुर। पश्चिम में बरेली।

यह जनपद **शिवालिक पर्वत श्रृंखला की तलहटी** में बसा है – उस क्षेत्र में जिसे **तराई** कहते हैं। तराई – यानी वह भूमि

जो हिमालय के पहाड़ों और गंगा के मैदान के बीच में है। न पहाड़ की कठोरता, न मैदान की समतलता – बल्कि दोनों का संगम। घने जंगल, असंख्य नदियाँ, उपजाऊ भूमि।

1909 के Pilibhit District Gazetteer में H.R. Nevill ने लिखा था – यह क्षेत्र प्रकृति की दृष्टि से असाधारण रूप से समृद्ध है। नदियों का जाल, वनों की सघनता, और भूमि की उर्वरता – ये तीनों मिलकर इस क्षेत्र को विशेष बनाते हैं।

और यही भौगोलिक विशेषता थी – जिसने हज़ारों साल पहले यहाँ एक महान सभ्यता को आकार दिया था।

## नदियाँ – पांचाल की जीवन-रेखाएँ

किसी भी प्राचीन सभ्यता को समझना हो – तो पहले उसकी नदियों को समझो।

पीलीभीत की धरती पर चार प्रमुख नदियाँ बहती हैं – **गोमती, शारदा, देवहा और घाघरा।** ये केवल नदियाँ नहीं हैं। ये इस भूमि की आत्मा हैं। और महाभारत काल में – ये पांचाल राज्य की जीवन-रेखाएँ थीं।

इनमें सबसे महत्वपूर्ण है – **गोमती।**

गोमती का जन्म पीलीभीत की **फुलहर झील** से होता है – जिसे Paugoti Phulhar Lake भी कहते हैं। यह झील पीलीभीत शहर से कुछ किलोमीटर की दूरी पर है। यहाँ से एक

छोटी-सी जलधारा निकलती है – और यही जलधारा आगे चलकर गोमती नदी बनती है। वही गोमती जो लखनऊ से होती हुई, वाराणसी के पास गंगा में मिलती है।

लेकिन गोमती केवल एक नदी नहीं है।

जब 4 जून 2026 को माननीय जिलाधिकारी पीलीभीत श्री ज्ञानेंद्र सिंह जी से मुलाकात हुई – तो उन्होंने एक ऐसी बात कही जिसने भीतर तक हिला दिया। उन्होंने कहा –

*"जानते हैं – गोमती नदी गंगा से भी पुरानी है।"*

*– श्री ज्ञानेंद्र सिंह जी, जिलाधिकारी पीलीभीत, 4 जून 2026*

एक पल के लिए सब ठहर गया।

गोमती – गंगा से पुरानी।

इसका अर्थ है – जब राजा **भगीरथ** ने अभी गंगा को स्वर्ग से धरती पर लाने का संकल्प भी नहीं लिया था – जब **राम के पूर्वज** भी इस धरती पर नहीं थे – तब भी गोमती यहाँ बह रही थी। तब भी पीलीभीत की यह धरती जीवित थी, उर्वर थी, आबाद थी।

Geological अध्ययन भी यही कहते हैं – गोमती नदी की उत्पत्ति गंगा से पहले हुई। यह नदी *Himalayan Glacial* मूल की नहीं है – यह **भूजल-स्रोत (groundwater spring)** से

जन्मी है। जो नदियाँ हिमालय के ग्लेशियर से निकलती हैं वे अपेक्षाकृत नई हैं – लेकिन गोमती जैसी स्रोत-नदियाँ लाखों वर्ष पुरानी हो सकती हैं।

और महाभारत में गोमती का उल्लेख बार-बार आता है – पांचाल और अवध की जीवन-रेखा के रूप में। वनपर्व में पांडवों के वनवास के प्रसंग में गोमती तट का वर्णन है।

यानी – पीलीभीत की यह नदी महाभारत काल से पहले की है। और महाभारत काल में भी यह उतनी ही पवित्र और महत्वपूर्ण थी जितनी आज है।

## पांचाल राज्य – और पीलीभीत की उत्तरी सीमा

---

अब आते हैं उस प्रश्न पर – जिसने यह पूरी यात्रा शुरू की थी।

अहिच्छत्र में शोध करते हुए – पांचाल संग्रहालय की दीर्घाओं में घंटों बिताते हुए – एक सवाल बार-बार उठता था।

***कोई भी सभ्यता एक जगह सीमित होकर नहीं रहती।***

अगर पांचाल राज्य की राजधानी अहिच्छत्र में थी – तो उस राज्य की उत्तरी सीमा कहाँ थी? वे घने वन कहाँ थे – जिनमें पांडवों ने वनवास काटा था? और अगर राजा द्रुपद का राज्य इतना विशाल था – तो वह उत्तर में कहाँ तक फैला था?

## पीलीभीत की पहचान

Wikipedia पर Panchala Kingdom का article खोला। और एक line ने रोक दिया –

*"This area traditionally formed*
*part of the Panchala kingdom*

*whose capital was*
*Ahichchhatra."*

*– Wikipedia, Pilibhit District*

यह article पीलीभीत जनपद के बारे में था।

पीलीभीत – पांचाल राज्य का हिस्सा।

महाभारत के भूगोल को जब मानचित्र पर उतारते हैं – तो पांचाल राज्य की सीमाएँ स्पष्ट होने लगती हैं। दक्षिण में गंगा नदी। पश्चिम में यमुना। पूर्व में कोसल राज्य की सीमा। और **उत्तर में – हिमालय की तलहटी।** यानी वह तराई क्षेत्र – जो आज पीलीभीत जनपद है।

पांचाल राज्य को दो भागों में बाँटा जाता था – **उत्तर पांचाल और दक्षिण पांचाल।** गंगा नदी इन दोनों को अलग करती थी। उत्तर पांचाल की राजधानी थी – **अहिच्छत्र।** और अहिच्छत्र से उत्तर में जो विशाल वन-भूमि थी – वह थी पीलीभीत की तराई।

यह वन-भूमि पांचाल राज्य के लिए कितनी महत्वपूर्ण थी – इसका अनुमान इस बात से लगाइए – कि महाभारत में पांडवों के वनवास का एक बड़ा हिस्सा इसी क्षेत्र में बीता था। **काम्यक वन** – जिसका उल्लेख वनपर्व में बार-बार आता है – वह इसी तराई क्षेत्र में था।

आज वही काम्यक वन **पीलीभीत टाइगर रिज़र्व** है। पाँच हज़ार साल पहले जहाँ द्रौपदी, युधिष्ठिर और अर्जुन विचरण करते थे – वहाँ आज 79 से अधिक बाघ रहते हैं। वही साल के वन। वही नदियाँ। वही भूमि। केवल लोग बदले हैं।

### अहिच्छत्र से पीलीभीत – ७० - ८० किलोमीटर

---

अहिच्छत्र और पीलीभीत के बीच की दूरी मात्र ८० किलोमीटर है।

८० किलोमीटर – और हज़ारों साल का इतिहास।

जब अहिच्छत्र में NBPW pottery के टुकड़े हाथ में लेकर देखे थे – वही काली, धात्विक चमक वाली मिट्टी – तो मन में सवाल उठा था – क्या यही pottery पीलीभीत में भी मिलेगी? क्या इन दोनों नगरों के बीच कोई ऐतिहासिक सूत्र था?

जवाब मिला – 4 जून 2026 को। बलाई खेड़ा में।

लेकिन उससे पहले – उस दिन से पहले – एक और खोज हुई थी। 1909 के Pilibhit District Gazetteer में।

H.R. Nevill ICS ने उस Gazetteer में लिखा था –

*"The most important archaeological ruins in the district*

*are those at Balai Khera near Jahanabad."*

*– H.R. Nevill ICS, Pilibhit District Gazetteer, 1909*

जिला – पीलीभीत।

जिले का सर्वाधिक महत्वपूर्ण पुरातात्विक स्थल – **बलाई खेड़ा।** बरेली-पीलीभीत रोड पर। पीलीभीत से नौ किलोमीटर पहले।

और बलाई खेड़ा का अर्थ था – वह स्थान जहाँ लेखक पैदा हुआ था उससे नौ किलोमीटर की दूरी पर – एक ऐसी सभ्यता दफ़न थी जिसे किसी ने नहीं जाना था।

– ✦ –

## वह सुबह – 4 जून 2026

4 जून 2026।

सुबह के सात बजे थे। बरेली से गाड़ी निकली – पीलीभीत की ओर। हाथ में कलम। मन में वे सारे सवाल जो महीनों से जगाते आ रहे थे।

रास्ते में – बरेली से आगे निकलते ही – नज़ारा बदलने लगा। शहर की भीड़ पीछे छूट गई। खुले खेत सामने आए। और फिर – धीरे-धीरे – वह हरियाली जो तराई की पहचान है।

दूर पर पीलीभीत टाइगर रिज़र्व के साल के वन दिखने लगे। घने। गहरे। शांत।

मन में एक विचार आया – *क्या इन्हीं वनों में कभी पांडव भटके होंगे?* क्या द्रौपदी की आवाज़ कभी इन्हीं पेड़ों के बीच गूँजी होगी? क्या युधिष्ठिर ने इसी तराई की किसी नदी के किनारे बैठकर अपनी नियति के बारे में सोचा होगा?

और तभी – पीलीभीत से नौ किलोमीटर पहले –

सड़क के किनारे कुछ दिखा।

एक विशालकाय टीला। और उस टीले पर – **एक JCB मशीन।**

गाड़ी रोकी।

उतरा।

और पैर जमीन पर पड़े – तो नज़र गई उस मिट्टी पर जो JCB ने काटकर फेंकी थी।

वहाँ पड़ी थी एक टूटी ईंट।

उस ईंट ने रोक दिया। **सब कुछ।**

यह **बलाई खेड़ा** था।

— ✦ —

# अध्याय २

## बलाई खेड़ा – जब इतिहास मिला

*The Day History Was Found – 4 June 2026*

*GPS: Lat 28.640402, Long 79.706436 | बरेली-पीलीभीत रोड | पीलीभीत से 9 किमी पहले*

> *"The most important archaeological ruins in the district*
>
> *are those at Balai Khera near Jahanabad."*

*– H.R. Nevill ICS, Pilibhit District Gazetteer, 1909*

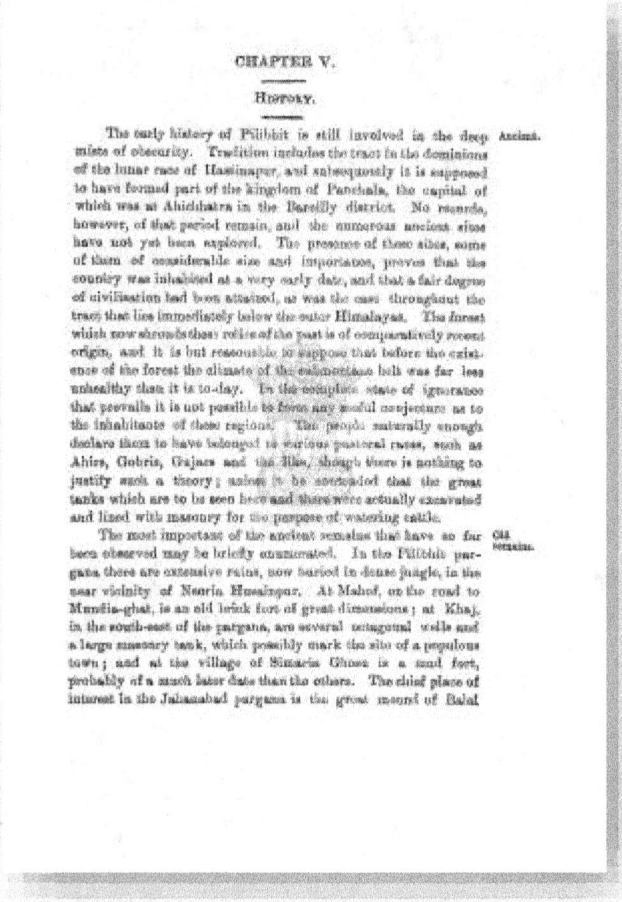

CHAPTER V.

HISTORY.

The early history of Pilibhit is still involved in the deep mists of obscurity. Tradition includes the tract in the dominions of the lunar race of Hastinapur, and subsequently it is supposed to have formed part of the kingdom of Panchala, the capital of which was at Ahichhatra in the Bareilly district. No records, however, of that period remain, and the numerous ancient sites have not yet been explored. The presence of these sites, some of them of considerable size and importance, proves that the country was inhabited at a very early date, and that a fair degree of civilisation had been attained, as was the case throughout the tract that lies immediately below the outer Himalayas. The forest which now shrouds these relics of the past is of comparatively recent origin, and it is but reasonable to suppose that before the existence of the forest the climate of the submontane belt was far less unhealthy than it is to-day. In the complete state of ignorance that prevails it is not possible to form any useful conjecture as to the inhabitants of these regions. The people naturally enough declare them to have belonged to various pastoral races, such as Ahirs, Gobris, Gujars and the like, though there is nothing to justify such a theory; unless it be contended that the great tanks which are to be seen here and there were actually excavated and lined with masonry for the purpose of watering cattle. Ancient.

The most important of the ancient remains that have so far been observed may be briefly enumerated. In the Pilibhit pargana there are extensive ruins, now buried in dense jungle, in the near vicinity of Nauria Husainpur. At Mahof, on the road to Mundia-ghat, is an old brick fort of great dimensions; at Khaj, in the south-east of the pargana, are several octagonal wells and a large masonry tank, which possibly mark the site of a populous town; and at the village of Simaria Ghosu is a mud fort, probably of a much later date than the others. The chief place of interest in the Jahanabad pargana is the great mound of Balai Old remains.

*Pilibhit District Gazetteer, 1909 — Chapter V: History — Page 147*

बलाई खेड़ा – जब इतिहास मिला

*यह वह page है जिसने सब बदल दिया। H.R. Nevill ICS ने 1909 में पीलीभीत का Gazetteer लिखा था। और इसी Chapter V में – History – उन्होंने पहली बार बलाई खेड़ा का नाम लिया था। इसे पढ़कर ही यह यात्रा शुरू हुई थी।*

## सुबह – बरेली से निकलना

---

4 जून 2026।

सुबह के सात बजे थे। बरेली से गाड़ी निकली – पीलीभीत की तरफ। हाथ में कलम। मन में महीनों से जमा हुए वे सवाल जो रातों को जगाते थे और दिन को बेचैन रखते थे।

अहिच्छत्र में NBPW pottery देखी थी। पांचाल संग्रहालय में महीनों बिताए थे। 1909 के Pilibhit District Gazetteer में वह line पढ़ी थी जिसने सब कुछ बदल दिया था – *'The most important archaeological ruins in the district are those at Balai Khera near Jahanabad.'* – और आज उसी बलाई खेड़ा की तरफ जा रहा था।

बरेली से आगे निकलते ही नज़ारा बदलने लगा। शहर की भीड़, होर्डिंग, दुकानें – सब पीछे छूट गए। खुले खेत सामने आए। गन्ने की लहलहाती फसलें। और फिर – धीरे-धीरे – वह हरियाली जो तराई की पहचान है।

## बलाई खेड़ा – जब इतिहास मिला

दूर पर पीलीभीत टाइगर रिज़र्व के साल के वन दिखने लगे। घने। गहरे। शांत। वही वन जिनके बारे में महाभारत में लिखा है। वही काम्यक वन – जहाँ पांडवों ने वनवास के वर्ष बिताए थे।

मन में एक विचार आया – *क्या इन्हीं वनों में कभी पांडव भटके होंगे? क्या द्रौपदी की आवाज़ कभी इन्हीं पेड़ों के बीच गूँजी होगी?* और उसी सोच में डूबे हुए – पीलीभीत से 9 किलोमीटर पहले – गाड़ी मुड़ी बलाई खेड़ा की तरफ।

### गाँव में पहुँचना – वो अजब निगाहें

---

बलाई खेड़ा गाँव में पहुँचकर पहला काम था – गाँव के लोगों से पूछना।

Gazetteer में जो पढ़ा था उसके अनुसार यहाँ विशाल पुरातात्विक टीले होने चाहिए थे। 1909 में Nevill ने इन्हें 'जिले का सर्वाधिक महत्वपूर्ण पुरातात्विक स्थल' कहा था। तो निश्चित था कि यहाँ के लोग इन टीलों के बारे में जानते होंगे।

लेकिन जो हुआ – उसकी उम्मीद नहीं थी।

जब टीलों के बारे में पूछा – तो वे मंदिरों के बारे में बताने लगे।

अच्छा मंदिर है – दर्शन कर लो। पुराना मंदिर है – बड़ा पवित्र स्थान है। उस तरफ एक और मंदिर है। बाबा का थान है – बड़ी मन्नत पूरी होती है।

मैने कहा – *मैं मंदिर देखने नहीं आया हूँ। मुझे तो वो मिट्टी के विशालकाय टीले देखने हैं।*

सब रुक गए।

और मुझे अजब निगाहों से देखने लगे।

वे निगाहें जो कह रही थीं – *अजीब पागल इंसान है। मिट्टी में क्या मिलेगा? टीले देखने कोई आता है क्या?*

किसी ने जवाब नहीं दिया। कोई कुछ बता नहीं रहा था। सब अनजान बन रहे थे। जैसे टीलों का नाम ही न सुना हो।

उनकी वह खामोशी – उन निगाहों का वह भाव – मेरी समझ में सब आ गया।

इन टीलों को देखने आम तौर पर कोई नहीं आता।

1909 में जब Nevill यहाँ आए थे – उसके बाद 117 साल बीत गए थे। पूरे 117 साल। दो पीढ़ियाँ नहीं – तीन पीढ़ियाँ गुज़र गई थीं इस गाँव में। और किसी ने, एक बार भी, इन टीलों की सुध नहीं ली थी। न कोई archaeologist आया। न कोई researcher। न कोई journalist। न कोई सरकारी अधिकारी।

किसी को इन टीलों की महत्ता नहीं पता थी।

यह सोचकर मेरा दिल बैठ गया।

लगा – *जो Gazetteer में पढ़ा था, जो सपने में देखा था, जिसके लिए महीनों शोध किया था – वो जगह शायद मुझे नहीं मिलेगी।* शायद टीले खत्म हो चुके हों। शायद कब का निर्माण हो चुका हो। शायद अब वहाँ केवल खेत हों।

और तभी –

उस भीड़ में से एक नौजवान आगे आया।

बेमन से। जैसे कोई बड़ी बात न हो। उसने कहा

*"उधर पुल बन रहा है। टीले तो काट दिए गए हैं।"*

एक पल के लिए रुक गया।

काट दिए गए हैं।

यह सुनकर जो दर्द हुआ – वो बयान नहीं हो सकता। पर उसने रास्ता बताया – बेमन से – जैसे यह कोई ज़रूरी बात ही न हो।

और मैं – धीरे-धीरे – उस रास्ते पर बढ़ा।

– ✦ –

## पहली नज़र – और वो किलकारी

पुल की तरफ बढ़ते हुए मन में एक डर था –

कहीं ऐसा न हो कि वहाँ पहुँचूँ और सब बर्बाद हो चुका हो। जो कुछ भी था – JCB ने निगल लिया हो। हज़ारों साल का इतिहास – सड़क की मिट्टी में मिल चुका हो।

और अचानक –

**मेरे सामने मिट्टी के बड़े-बड़े, विशालकाय टीले अपना सीना ताने खड़े नज़र आने लगे।**

*बलाई खेड़ा – 4 June 2026 – NHAI के excavation का विशाल क्षेत्र।*

*वह दृश्य जो पहली बार आँखों के सामने आया।*

रुक गया।

साँस रुक गई।

जो देखा – वह सपने में भी नहीं सोचा था।

पूरा क्षेत्र – जो शायद 10 वर्ग किलोमीटर में फैला हुआ था – विशालकाय मिट्टी के टीलों से भरा पड़ा था। एक के बाद एक। ऊँचे-ऊँचे। जैसे ज़मीन ने अपनी छाती फुला ली हो। जैसे धरती ने कह दिया हो – देखो, मेरे भीतर क्या छुपा है।

देखकर मन रोमांचित हो उठा।

मुझे मेरी मंज़िल मिल गई थी।

मुझे खोज करने का अवसर मिल गया था।

मैं किसी बच्चे की तरह किलकारी मारकर खुश होने लगा। जैसे उसे उसका मनचाहा खिलौना मिल गया हो। मनीषा और लक्ष्य मुझे देखकर हँसने लगे। वे समझ नहीं पा रहे थे कि एक 58 साल का वकील अचानक इस तरह बच्चा क्यों बन गया।

पर सच कहूँ तो –

मुझे इतने बड़े-बड़े टीलों के मिलने का अनुमान नहीं था।

मैं इतनी बड़ी खोज के इरादे से नहीं आया था।

न तो मेरे पास अवशेष एकत्र करने को थैले थे। न ठंडे पानी की कई बोतलें – जो जून की तपती दोपहर में इस रेगिस्तान जैसी गर्मी में कुछ समय व्यतीत करने में सहायक होतीं। न proper shoes जो टीले चढ़ने में काम आते। न gloves जो मिट्टी खोदने में मदद करते।

मैं तो बस एक लेखक था – जो अपनी किताब के लिए research करने आया था।

पर इतिहास ने उस दिन कुछ और ही तय किया था।

मुझे जो भी करना था – जल्दी-जल्दी करना था। एक विशालकाय टीले पर अपनी कार चढ़ाकर सुरक्षित स्थान पर खड़ी की। और उसी टीले पर शुरू हो गई खोज।

## पहला टीला – पहली ईंट

---

पहले टीले पर चढ़ते ही –

मिट्टी की कटी हुई सतह पर नज़र गई।

और वहाँ मिलने लगीं – ईंटें।

विभिन्न आकारों की ईंटें। बड़ी-बड़ी। मोटी-मोटी। उनका रंग लाल-भूरा था। उनकी बनावट उस काल की ईंटों जैसी थी जो गुप्त वंश में बनती थीं – 300 से 600 ईसवी के बीच। उनका आकार-प्रकार

अहिच्छत्र की उन ईंटों से मेल खा रहा था जो मैंने पांचाल संग्रहालय में देखी थीं।

पहली ईंट उठाकर हाथ में ली –

और मन में एक ही विचार आया – *इस ईंट को किसी कारीगर के हाथों ने बनाया होगा। किसी माँ ने अपने बेटे के लिए इससे घर बनाया होगा। किसी राजा के महल की यह नींव रही होगी।*

1,500 साल पुरानी ईंट – मेरे हाथ में।

शरीर का रोम-रोम खड़ा हो गया।

बलाई खेड़ा की पावन मिट्टी में अपने पैर धोता हुआ – मैं, मनीषा और लक्ष्य मुख्य टीले की तरफ बढ़े।

## लव सिकरवार – और एक वकील पर अविश्वास

---

मुख्य टीले की तरफ बढ़ते हुए – वहाँ एक व्यक्ति मिले। नाम था – **लव सिकरवार।** बलाई खेड़ा के ही निवासी।

जब उन्हें पता चला कि मैं यहाँ क्यों आया हूँ – तो पहले तो उन्हें विश्वास ही नहीं हुआ।

उनके चेहरे पर वही भाव था जो गाँव के बाकी लोगों के चेहरे पर था – *यह क्या पागलपन है?*

पर जब मैंने उन्हें बताया –

कि मैं बरेली का एक वकील हूँ। 35 साल की वकालत की है। लेकिन साथ ही इतिहास का शोधकर्ता भी हूँ। 'बरेली का इतिहास – भाग प्रथम' लिख चुका हूँ। अहिच्छत्र में शोध किया है। पांचाल संग्रहालय में काम किया है। और आज इसलिए आया हूँ क्योंकि 1909 के Gazetteer में इन टीलों का नाम 'जिले का सर्वाधिक महत्वपूर्ण पुरातात्विक स्थल' के रूप में दर्ज है। और यह मेरी जन्मभूमि है।

तो वे उत्साह से भर गए।

उन्हें विश्वास नहीं हुआ कि कोई वकील – अपनी 35 साल की प्रैक्टिस से अलग हटकर – उनके गाँव में खोज करने इसलिए आया है क्योंकि उसका मानना था कि इन टीलों के नीचे महाभारत काल और पांचाल राज्य की 3,500 साल पुरानी सभ्यता दफन है।

लेकिन जब सच्चाई समझ आई – तो वे मुझे मुख्य टीले के ऊपर ले गए।

और वहाँ पड़ा था –

**खज़ाना।**

*बलाई खेड़ा – intact brick wall। लव सिकरवार और लेखक – 2,500 साल पुरानी दीवार के सामने। 4 June 2026।*

— ✦ —

**खज़ाना – जो सोने-चाँदी से भी कीमती था**

---

एक खोजी के लिए सोने-चाँदी के सिक्के खज़ाना नहीं होते।

उसे तो अपना खज़ाना मिट्टी के वे टूटे हुए बर्तन लगते हैं – जो चीख-चीखकर कहते हैं कि 'रजत – तुम वो पहले इंसान हो जो आज 117 साल बाद, ब्रितानी Nevill के बाद, यहाँ एक भूली हुई सभ्यता को तलाश करने आये हो।'

मुख्य टीले पर जो मिला – उसे देखकर काँप गया।

पहली चीज़ –

गुप्त वंश की बनी हुई **३० सेंटीमीटर लम्बी २० सेंटी मीटर चौड़ी ७ सेंटीमीटर मोटी ईंट।** आकार में विशाल। वज़न में भारी। उनकी बनावट देखकर ही पता चल रहा था कि ये साधारण ईंटें नहीं हैं। ये किसी बड़े भवन की – किसी महल की, किसी मंदिर की, किसी किले की – ईंटें हैं।

दूसरी चीज़ –

**Black Greyware Pottery** के टूटे हुए टुकड़े। काली-धूसर मिट्टी के बर्तनों के टुकड़े। यह pottery 500 BCE से 100 BCE के बीच की है – यानी महाभारत काल के आसपास की। अहिच्छत्र में यही pottery मिली थी। और अब यहाँ – बलाई खेड़ा में – वही pottery।

यानी – अहिच्छत्र और बलाई खेड़ा एक ही सभ्यता के दो नगर थे।

तीसरी चीज़ –

चमकदार पॉलिश वाले भांड के टुकड़े। **Northern Black Polished Ware – NBPW।** वही काली, धात्विक चमक जो अहिच्छत्र में देखी थी। वही tri-layer sandwich firing। 500 BCE की pottery। जब इसे हाथ में लिया – तो वही सिहरन हुई जो अहिच्छत्र में हुई थी। यह pottery राजाओं के दरबार में इस्तेमाल होती थी। यह luxury item था उस ज़माने का।

*बलाई खेड़ा की मिट्टी में बिखरे pottery के टुकड़े – NBPW, Greyware, और मृद्भांड के अवशेष। 4 June 2026।*

चौथी चीज़ –

मृद्भांड के ऊपरी हिस्से। बड़े-बड़े storage vessels के टुकड़े। किसी घर के, किसी गोदाम के, किसी रसोई के। जिनमें

कभी अनाज रखा होगा। कभी पानी भरा होगा। कभी किसी माँ ने अपने बच्चे को खाना परोसा होगा।

और पाँचवीं चीज़ – सबसे ख़ास –

**एक मूर्ति का टूटा हुआ हिस्सा।** जिसमें पैर बने हुए साफ़-साफ़ नज़र आ रहे थे। किसकी मूर्ति थी – देवता की? राजा की? किसी योद्धा की? पता नहीं। पर वे पैर – वे स्पष्ट, सुंदर, नक्काशीदार पैर – कह रहे थे कि यह कोई साधारण मूर्ति नहीं थी।

Greyware pottery, चमकदार NBPW के टुकड़े और मूर्ति का वह हिस्सा – तीनों अपने हाथ में लेकर मैं खड़ा-खड़ा काँप गया।

मैं किंकर्तव्यविमूढ़ हो गया था।यह तो कई सभ्यताओं का जीता-जागता प्रमाण था।यह खज़ाना तो शायद अहिच्छत्र से भी अधिक कीमती था।

अहिच्छत्र में तो खुदाई हो चुकी थी – 1940 से 1944 के बीच ASI ने पूरी खुदाई की थी। इसलिए वहाँ से सभी वस्तुएँ संग्रहालयों में जा चुकी थीं। पांचाल संग्रहालय में वे सजी हुई हैं। शीशे के पीछे। label लगे हुए।

पर यहाँ तो –

सारा का सारा खज़ाना मेरी आँखों के सामने था। जस का तस। अनछुआ। अनखोजा। जैसे हज़ारों साल से मेरा इंतज़ार कर रहा हो।

**44 डिग्री की धूप – और ठंडी हवा का बयार**

---

जून की तपती दोपहर थी।

44 से 46 डिग्री का तापमान। सूरज सिर पर था। छाँव का नामोनिशान नहीं। पानी की बोतलें कब की खाली हो चुकी थीं। पसीने से बदन लथपथ था। कपड़ों पर मिट्टी के निशान थे।

पर मुझे – उस दिन – उस धूप का एहसास नहीं हो रहा था।

वह 44-46 डिग्री का तापमान मुझे ठंडी हवा के बयार जैसा लग रहा था।

मैं अपने ख़्यालों में डूब-सा गया था।

सोच रहा था – *इस मिट्टी के नीचे क्या होगा? कितनी परतें होंगी? कितनी सभ्यताएँ होंगी? क्या यहाँ भी महाराज द्रुपद का कोई किला था? क्या यहाँ द्रौपदी के भाई धृष्टद्युम्न के सैनिक रुके होंगे? क्या यहाँ से अर्जुन के घोड़े गुज़रे होंगे?*

और तभी –

मनीषा ने और लक्ष्य ने मुझे झिंझोड़ा।

***"कहाँ खो गए आप? ताऊ जी – क्या हो गया है आपको?"***

मेरी आँखों से आँसुओं की अविरल धारा बह निकली।

जिसे वे लोग समझ गए। लव सिकरवार भी समझ गए। कोई कुछ नहीं बोला।

मैंने कहा –

***"देखो – मेरे एक जुनून ने आज मुझे कहाँ लाकर खड़ा कर दिया।"***

***"देखो – आज मैंने क्या खोज लिया।"***

***"देखो – मैंने अपनी मंज़िल पा ली।"***

मैं उत्साह के साथ धूल में अपने पैर धोता हुआ, कपड़ों में मिट्टी के निशान लेता हुआ उन टीलों पर भाग रहा था।

**मैं पागल हो गया था।**

और उस पागलपन में – फिर होश आया। तस्वीरें लेनी थीं। सब record करना था। जो भी मिले – document करना था।

क्योंकि यह सब – यह सारा खज़ाना – कल हो न हो। JCB की नज़र में यह मिट्टी है। सड़क बनानेवाले की नज़र में यह रोड़ा है। और इसे फिर कभी कोई नहीं देख पाएगा।

वहीं पड़ी पॉलिथीन में सभी प्रमाण एकत्रित करना शुरू किए।

## परत-दर-परत – कई सभ्यताओं के निशान

---

टीले की मिट्टी के कटान में –

अलग-अलग दौर की सतहें नज़र आने लगीं।

यह वह phenomenon है जिसे archaeologists 'stratigraphy' कहते हैं। हर सभ्यता अपनी एक परत छोड़ जाती है। एक के ऊपर एक। जितना गहरा जाओ – उतना पुराना इतिहास।

और बलाई खेड़ा के उस कटे हुए टीले में – वे परतें साफ़ दिख रही थीं।

सबसे ऊपर की परत में – अपेक्षाकृत नई ईंटें। मध्यकालीन। शायद 500 साल पुरानी।

उससे नीचे – गुप्त काल की परत। वे बड़ी-बड़ी ईंटें। 300 से 600 ईसवी।

उससे भी नीचे – Greyware और NBPW pottery। 500 BCE से 100 BCE। महाभारत काल के आसपास।

और सबसे नीचे – Painted Pottery के कुछ टुकड़े। जो शायद 1200 BCE से 500 BCE के बीच के थे।

यानी – इस एक टीले में – कम से कम 4-5 अलग-अलग सभ्यताओं के निशान थे।

**3,000 साल का इतिहास – एक जगह।**

*टीले की कटी हुई दीवार – ईंटें और हड्डियाँ मिट्टी में दबी हुईं। अलग-अलग सभ्यताओं की परतें स्पष्ट दिख रही हैं।*

टीले में दबी हुई थीं ईंटों की दीवारें।

कटान में साफ़ दिख रही थीं – mortar-bonded rows। एक के ऊपर एक। व्यवस्थित। मज़बूत। यह कोई साधारण घर की दीवार नहीं थी। इसकी चौड़ाई और मज़बूती देखकर लग रहा था कि यह किसी बड़े भवन का हिस्सा रही होगी।

शायद किसी राजमहल की।

या किसी किले की प्राचीर।

या किसी पौराणिक मंदिर की दीवार।

जगह-जगह बड़े-बड़े मृद्भांड दबे हुए नज़र आने लगे। कुछ तो इतने बड़े थे कि उनमें एक बच्चा समा जाए। storage vessels। किसी अनाज भंडार के। किसी बड़े घर के।

मूर्तियों के अवशेष मिले। Terracotta के टुकड़े। दीपक। lamp के किनारे scalloped – पूजा में इस्तेमाल होने वाला।

और फिर –

अलग-अलग मिट्टी की सतरों पर – **अलग-अलग हड्डियाँ।**

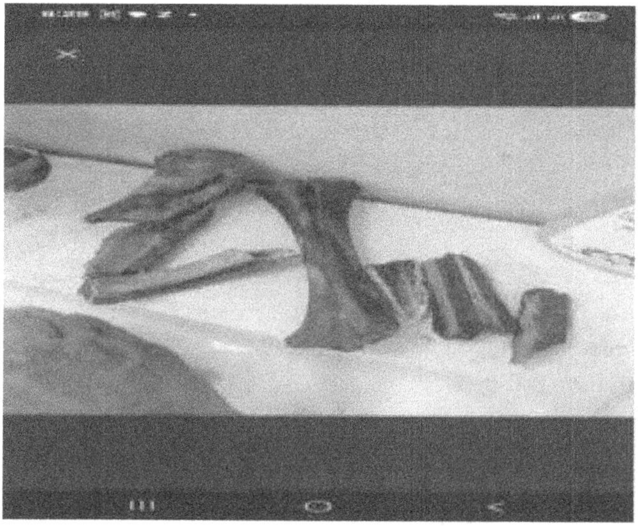

*बलाई खेड़ा से प्राप्त हड्डियाँ – long bones – हज़ारों साल पुरानी। यह burial site का प्रमाण है।*

Long bone। Ribs। Joint fragments।

शायद नर कंकाल।

यह एक burial site था।

किसी इंसान की हड्डियाँ – जो हज़ारों साल पहले इसी धरती पर जिया था। जिसने इन्हीं टीलों को आबाद देखा होगा। जिसने इन्हीं दीवारों को बनते देखा होगा। और जो अंत में – इसी मिट्टी में समा गया।

उन हड्डियों को देखकर – दिल भारी हो गया।

**वह दूसरा टीला – और वो सवाल**

---

एक टीले के ऊपर चढ़ गया।

पर उसके भी ऊपर – एक और टीला था।

और भी ऊँचा। और भी विशाल। जिस पर चढ़ने का कोई रास्ता नज़र नहीं आ रहा था।

नीचे से देखता रहा उस टीले को।

और मन में सवाल उठने लगे –

*क्या यहाँ भी महाराज द्रुपद का किला था?*

*या चंद्रगुप्त मौर्य का सिंहासन?*

*या कुषाण वंश के महाराज कनिष्क का राजमहल?*

*या फिर किसी ऐसे राजा का महल – जिसका नाम इतिहास की किताबों में नहीं है?*

📜 **Pilibhit District Gazetteer, 1909 – Page 193**

*"In Balai is an old mound, strewn with large bricks of ancient pattern;*

*it has a circuit of nearly a mile, and a height of about 20 feet*

*above the surrounding level at its southern extremity. From the*

*quadrangular shape it has been supposed that it was once fortified;*

*and General Cunningham in a rough survey of the site found*

*the ruins of a brick temple in the south-east and six heaps near*

*the two western tanks which he supposed to mark the situation*

*of large buildings.*

*Unfortunately no excavations have been attempted either here or at Balai Khera."*

# बलाई खेड़ा – जब इतिहास मिला

– *H.R. Nevill ICS, Pilibhit District Gazetteer, 1909, Page 193*



road at Sardarnagar to the north. The population of the place was 3,120 in 1872, but was much larger formerly. It has since increased, rising to 3,971 in 1881 and 4,706 ten years later; while at the last census it contained 3,966 inhabitants, of whom 2,276 were Hindus, 1,597 Musalmans and 93 of other religions.

The town stands on fairly high ground, about a mile west from the Absara river, and includes within its limits the villages of Balai Pasiapur on the north-west and Puraini on the south. Jahanabad is said to have been founded by an official named Mirak Jan in the days of Shahjahan; but Balai is a place of great antiquity, and continued to be of sufficient importance to give its name to a pargana as late as the reign of Akbar. In Balai is an old mound, strewn with large bricks of ancient pattern; it has a circuit of nearly a mile, and a height of about 20 feet above the surrounding level at its southern extremity. From the quadrangular shape it has been supposed that it was once fortified; and General Cunningham in a rough survey of the site found the ruins of a brick temple in the south-east and six heaps near the two western tanks which he supposed to mark the situation of large buildings.* The name Balai is that of a well known daitya or demon, who is sometimes styled Raja and is frequently confounded in local legend with Lalla of Deoria fame. The same Balai or Bali is connected with the remains at Parasua-kot, which are concealed in a second lofty mound, about 1,400 feet long and 300 feet broad, in the village of Nizam Dandi on the Pangaili, four miles west of Jahanabad on the Baheri road. At the eastern end are the brick foundations of an immense temple, 42 feet square, with traces of several walls and enclosures. Tradition states that Balai built it for his Ahir servant, named Parasua, and the place is sometimes known as Ataparasua or the halls of Parasua. Unfortunately no excavations have been attempted either here or at Balai Khera.

With the foundation of Pilibhit the importance of Jahanabad declined, most of the traders migrating to the new capital. This tendency was accentuated by the abolition of the Jahanabad tahsil in 1863; and the place now presents a general aspect of decay. The chief families are Kayasths, but as many of these

* A.S.R.I., I., 358.

18

*Pilibhit District Gazetteer, 1909 – Page 193 – Jahanabad Pargana। Balai Khera और General Cunningham का उल्लेख।*

यह पढ़कर दिल भारी हो गया।

General Cunningham – Archaeological Survey of India के founder – स्वयं यहाँ आए थे। उन्होंने देखा था – brick temple के खंडहर। विशाल buildings की location। एक fortified नगर के निशान।

और Nevill ने 1909 में लिखा – ***'Unfortunately no excavations have been attempted.'***

1909 में Nevill ने लिखा – excavation नहीं हुई।

**2026 में मैं आया – अभी भी excavation नहीं हुई।**

117 साल – कुछ नहीं बदला।

कोई जवाब नहीं था। पर सवाल ही इतने बड़े थे – कि रूह काँप जाए।

इस एक स्थल पर – अगर proper archaeological excavation हो – तो शायद पीलीभीत का पूरा इतिहास फिर से लिखा जाएगा। शायद उत्तर भारत के इतिहास में एक नया अध्याय जुड़ेगा। शायद महाभारत के भूगोल को एक नया साक्ष्य मिलेगा।

पर उसके लिए –

पहले इस विध्वंस को रोकना था।

**वे टीले – जो खून के आँसू बहा रहे थे**

---

और तब – नज़र गई उस तरफ –

जो देखकर दिल दहल गया।

National Highway Authority of India के ठेकेदार ने – बड़े-बड़े JCB और crane लगाकर – उन विशालकाय टीलों को बीच से काट दिया था।

सड़क बनानी थी। पुल बनाना था।

और उसके लिए –

हज़ारों साल पुरानी सभ्यता को रोड-रोलर से कुचला जा रहा था।

*NHAI का विध्वंस – crane और tractor के साथ बलाई खेड़ा के टीले काटे जा रहे हैं। 4 June 2026।*

उस ठेकेदार को फ्री की मिट्टी नज़र आ रही थी।

और उस बेवकूफ ने – **सोने को फ्री की मिट्टी जानकर पुल के नीचे दबा दिया था।**

ज़मीन पर बिखरी पड़ी थीं वे लाल ईंटें – जो कभी किसी मंदिर की दीवार रही होंगी। बिखरे पड़े थे वे मृद्भांड – जिनमें कभी किसी माँ ने अपने बच्चे को अनाज दिया होगा। और उस कटी हुई दीवार में – हड्डियाँ। किसी ऐसे इंसान की हड्डियाँ जो हज़ारों साल पहले इसी धरती पर जिया था।

वे टीले खून के आँसू बहा रहे थे।

मुझसे शिकायत कर रहे थे –

*"तुम बहुत देर में आये हो।"*

*"हमारा सीना खुरच-खुरचकर यह दानव सब नष्ट कर रहा है।"*

*"देखो रजत – हमारा क्या हाल कर दिया गया है।"*

Ancient Monuments and Archaeological Sites and Remains Act, 1958 – यह कानून कहता है कि किसी भी 100 साल से पुराने स्थल को बिना ASI की अनुमति के नहीं छुआ जा सकता। और यहाँ – सरेआम –

**बलाई खेडा में क्रेन जे सी बी व ग्रामीणों के साथ**

2,500 साल पुरानी सभ्यता को सड़क की मिट्टी में मिलाया जा रहा था।

उन टीलों का खुदान और विध्वंस देखकर मेरी दोनों मुट्ठियाँ भींच गईं। चेहरा गुस्से से लाल हो गया।

मैंने उसी क्षण निश्चय किया –

**अभी – इसी दिन – पीलीभीत के जिलाधिकारी से मिलना होगा।**

**और ASI को mail करके इस निर्माण को तुरंत रुकवाना होगा।**

## पानी ख़त्म – जुनून नहीं

---

पानी की बोतलें ख़त्म हो गई थीं।

शरीर थक गया था। जून की दोपहर चढ़ आई थी। 44 डिग्री की धूप में घंटों टीलों पर चढ़ना-उतरना – शरीर ने जवाब देना शुरू किया था।

पर मेरा जुनून ख़त्म नहीं हो रहा था।

जब शरीर ने सच में जवाब दे दिया – तो मजबूरी में, सब सामान उठाकर, अपनी कार की तरफ बढ़ा।

तभी पास के गाँव के कुछ और लोग आए थे।

उन्होंने बताया –

> *"बरसात के दिनों में यहाँ से सोने-चाँदी के सिक्के मिलते हैं।*
>
> *उनमें शाहजहाँ की तस्वीर बनी होती है।*
>
> *सोने से भरे हुए कलश भी मिले हैं।"*

पर वे कहाँ हैं – यह कोई नहीं बताता।

और वे मुझे क्यों बताने लगे कि सोने के सिक्के कहाँ हैं? कुछ तो था उनके मन में। शायद वे चाहते थे कि कोई यहाँ आए। कोई इन टीलों की सुनवाई करे। कोई इनकी रक्षा करे।

**📜 Gazetteer की पुष्टि – Page 193**

*"Jahanabad is said to have been founded by an official named Mirak Jan in the days of Shahjahan; but Balai is a place of great antiquity, and continued to be of sufficient importance to give its name to a pargana as late as the reign of Akbar."*

*– H.R. Nevill ICS, Pilibhit District Gazetteer, 1909, Page 193*

यह पढ़कर locals की बात confirm हो गई।

Jahanabad का इतिहास शाहजहाँ के दौर से जुड़ा है। उस दौर के Mughal coins में शाहजहाँ का नाम और चिह्न होता था। और वे coins आज भी बरसात में बलाई खेड़ा की मिट्टी से निकलते हैं।

यानी – locals की बात झूठ नहीं थी। वे सच कह रहे थे।

उनका अनुरोध था – बरसात में आने का।

मैंने वायदा किया।

मिट्टी से सने कपड़े। पसीने से भीगा बदन। हाथ में 2,500 साल पुरानी pottery के टुकड़े। मन में वे टीले – जो खून के आँसू बहा रहे थे।

और एक संकल्प – जो उस दिन वहाँ लिया था।

कार दौड़ा दी – पीलीभीत की तरफ।

जिलाधिकारी से मिलना था।

## जिलाधिकारी श्री ज्ञानेंद्र सिंह जी – वह बीस मिनट

मिट्टी और इतिहास की धूल से सने कपड़े लेकर – मैं पहुँचा जिलाधिकारी कार्यालय।

बहुत ही सभ्य और दार्शनिक व्यक्तित्व के धनी हैं – **जिलाधिकारी श्री ज्ञानेंद्र सिंह जी।**

कार्यालय में भीड़ थी। जनता से उनकी समस्याएँ सुन रहे थे। अधिकारी इंतज़ार में खड़े थे। पीलीभीत के गणमान्य व्यक्ति मिलने की प्रतीक्षा में बैठे थे।

पर मुझे देखकर – जाने वे कैसे समझ गए।

शायद मेरे कपड़ों पर लगी मिट्टी ने बता दिया। शायद मेरे हाथ में उन pottery के टुकड़ों ने बता दिया। शायद मेरे चेहरे पर लिखी वह बेचैनी ने बता दिया।

अपने सभी अधिकारियों को रोककर। पीलीभीत के गणमान्य व्यक्तियों से विनम्रता से आग्रह करके। उन्होंने सर्वप्रथम मुझे आगे आने को कहा।

अपनी इतिहास की पहली पुस्तक – 'बरेली का इतिहास – भाग प्रथम' – उनके हाथों में देकर अपना परिचय दिया।

और बलाई खेड़ा के बारे में उन्हें बताया।

1909 का Gazetteer। NBPW pottery। intact brick wall। human bones। और वह NHAI का विध्वंस – जो उस क्षण भी जारी था।

महोदय आश्चर्यचकित हो गए।

उन्होंने तुरंत अपने अधिकारियों को निर्देश दिए – बलाई खेड़ा की जाँच करो। incharge से connect करो।

सहयोग का आश्वासन दिया।

और फिर उन्होंने एक ऐसी बात बताई – जिसने भीतर तक हिला दिया।

उन्होंने कहा –

> *"जानते हैं – गोमती नदी का उद्‌गम स्थल पीलीभीत ही है।*
>
> *वो गोमती नदी जो किसी पर्वत से नहीं निकली –*
>
> *वो पीलीभीत की धरती से निकली है।*
>
> *और वो गोमती – गंगा से भी पुरानी है।"*

*– श्री ज्ञानेंद्र सिंह जी, जिलाधिकारी पीलीभीत, 4 जून 2026*

एक पल के लिए दम रुक गया।

गोमती – गंगा से पुरानी।

इसका अर्थ है – जब भगीरथ ने अभी गंगा को स्वर्ग से धरती पर लाने का संकल्प भी नहीं लिया था – जब राम के पूर्वज भी इस धरती पर नहीं थे – तब भी गोमती यहाँ बह रही थी। तब भी पीलीभीत की यह धरती जीवित थी।

उन्होंने बताया कि Gomti Revival Project चल रहा है। फुलहर झील को – जहाँ से गोमती का जन्म होता है – develop किया जा रहा है।

अपने व्यस्त कार्यक्रम से 20 मिनट तक वे मेरी बात सुनते रहे।

ADM पीलीभीत से परिचय कराया। अपना visiting card दिया। और मुझसे संपर्क में बने रहने का आग्रह किया।

और फिर – खुद बोले –

*"आइए – पुस्तक देकर एक साथ फोटो लेते हैं।"*

*जिलाधिकारी श्री ज्ञानेंद्र सिंह जी को 'बरेली का इतिहास – भाग प्रथम' भेंट करते हुए। साथ में मनीषा जी। पीलीभीत, 4 June 2026।*

इस पूरी यात्रा का – यह सबसे अविस्मरणीय क्षण था।

## 16 घंटे – 20,000 लोग – पीलीभीत जागा

---

DM office से लौटकर – वे सभी तस्वीरें Facebook पर share कीं।

वह कटता हुआ टीला। वह NBPW pottery – जिसे हाथ में लेकर काँपा था। वह intact brick wall जो कटान में साफ़ दिख रही थी। वे हड्डियाँ। वे बिखरे हुए मृद्भांड। और वह DM के साथ की तस्वीर।

और 16 घंटों में –

**20,000 से अधिक लोगों ने देखा।**

पीलीभीत जाग रहा था।

वे अपनी विरासत को पहचान रहे थे। लोग comment कर रहे थे, share कर रहे थे, अपने दोस्तों को tag कर रहे थे।

वे यह जानकर हतप्रभ थे कि उनके शहर में – उनके ही घर से 9 किलोमीटर दूर – एक 2,500 साल पुरानी सभ्यता दफ़न है।

और उसे – सड़क बनाने के लिए – नष्ट किया जा रहा है।

लोगों के comments में एक ही भावना थी

***"अपने शहर का इतिहास पहली बार जाना।"***

***"यह तो हमें पता ही नहीं था।"***

***"इसे रोकना होगा – अभी रोकना होगा।"***

यह केवल एक Facebook post नहीं था।

यह पीलीभीत के लाखों लोगों की भावना का जागरण था।

उनकी आवाज़ बनने का – पहला दिन था।

**उस दिन की विरासत**

---

4 जून 2026।

एक दिन में –

117 साल बाद पहली बार किसी ने इन टीलों को देखा। हाथ में NBPW pottery उठाई। brick wall को छुआ। हड्डियों के सामने झुककर किसी अनजान आत्मा को नमन किया।

एक जिलाधिकारी ने 20 मिनट निकाले और सहयोग का वचन दिया।

15,000 लोगों ने अपनी विरासत को पहचाना।

और एक लेखक – जो अपनी जन्मभूमि को उसका गौरव लौटाने निकला था – ने पाया कि वह अकेला नहीं है।

उस दिन बलाई खेड़ा से जो लेकर लौटा – वह केवल मिट्टी के टुकड़े नहीं थे।

एक ज़िम्मेदारी लेकर लौटा था।

उन टीलों की ज़िम्मेदारी – जो 117 साल से किसी का इंतज़ार कर रहे थे।

उस सभ्यता की ज़िम्मेदारी – जो ज़मीन के नीचे दबी है और जो चीख-चीखकर कह रही है – ***'हमें मत भूलो।'***

और उन लाखों लोगों की ज़िम्मेदारी – जो अपनी जड़ों को जानना चाहते हैं। अपनी धरती को जानना चाहते हैं। अपने इतिहास को जानना चाहते हैं।

**छतरी चौराहा – और उडुपी वाले की इडली**

---

DM साहब से मिलकर जब बाहर निकले –

तीनों को ज़ोरों की भूख लग रही थी।

सुबह सात बजे बरेली से निकले थे। बलाई खेड़ा में घंटों 44 डिग्री की धूप में टीले चढ़े। DM office की भागदौड़। और अब दोपहर ढल रही थी – पेट में कुछ नहीं गया था।

छतरी  चौराहे पर रुके।

वहाँ है मेरी पसंद का उडुपी वाला रेस्तराँ।

इस रेस्तराँ की तीन खूबियाँ हैं जो मुझे पसंद हैं – बहुत अच्छी ambience, साफ़-सुथरे toilets, और खाना तुरंत serve होता है। बिना इंतज़ार के।

साम्भर वड़ा और इडली मँगाई।

जब गरमा गरम साम्भर वड़ा सामने आया – तो लगा जैसे किसी ने अमृत परोस दिया हो। उस दिन की थकान और उत्साह – दोनों मिलकर भूख को दोगुना कर गए थे।

पेट में जब कुछ गया – तो शरीर में जान आई।

और फिर हम निकल पड़े – गौरीशंकर मंदिर की तरफ।

## गौरीशंकर मंदिर – पीलीभीत की गलियों में

गौरीशंकर मंदिर पीलीभीत शहर में registry office के पास – गलियों में बना हुआ है।

पर गलियों में होने के बावजूद – कार आसानी से चली जाती है। और मंदिर के अंदर बहुत बड़ा compound है – जहाँ लगभग 20 गाड़ियाँ आराम से पार्क हो सकती हैं।

कहा जाता है कि यह मंदिर 400 साल पुराना है।

पर इस बात की सत्यता की जाँच नहीं हो सकी।

मंदिर की दीवारें modern रूपरेखा के साथ बनी हुई थीं – नई construction का एहसास था। गर्भगृह के दर्शन पुजारी जी ने special पट खोलकर करवाए।

वहाँ एक अष्टकोणीय शिवलिंग भी दिखा।

उसे देखकर एक क्षण के लिए मन में विचार आया – क्या यह प्राचीन काल का शिवलिंग है? पर पत्थर की age देखकर लगा कि यह नया है – और इसकी नक्काशी और निर्माण पुराने style में किया गया है।

भगवान के आगे माथा नवाकर हम निकल पड़े – पूरनपुर की तरफ।

जहाँ राजा वेणु का किला हमें देखना था।

---

## राजा वेणु का किला – एक अनजान पगडंडी पर

पीलीभीत से पूरनपुर की सड़क बेहतरीन बनी हुई है।

लगभग 23 किलोमीटर का रास्ता। सड़क के दोनों तरफ गन्ने और मक्के के खेत लहलहा रहे थे। दूर-दूर तक खेत ही खेत। और मन में एक ही विचार –

**यही असली भारत है। एक कृषि प्रधान देश।**

पूरनपुर से करीब 3-4 किलोमीटर पहले –

Google Map ने बाईं तरफ मुड़ने का इशारा किया।

एक पतली-सी पगडंडी थी।

इतनी संकरी कि शक हुआ – क्या यह सही रास्ता है? वहाँ दो-तीन लोगों से पूछा – उन्होंने बताया कि हाँ, यही रास्ता राजा वेणु के किले की तरफ जाता है।

पगडंडी पर जैसे-जैसे आगे बढ़ते गए – वह और भी पतली होती गई।

अगर हमारे पास SUV न होती – तो हिम्मत न होती आगे बढ़ने की।

चारों तरफ गन्ने और मक्के के खेत। न कोई मकान। न कोई इंसान। बस एक पगडंडी – और उसके दोनों तरफ लहराती फसलें।

चलते-चलते एक छोटे-से गाँव में पहुँचे।

गाँव के चारों ओर बाहर की तरफ पक्की सड़क बनी थी। उस पर चलते-चलते एक मोड़ से बाईं तरफ मुड़कर गाँव के अंदर घुसे।

और तभी महसूस हुआ –

**गाँव धीरे-धीरे ऊँचे टीले पर बसा हुआ है।**

ऊपर जाते-जाते लोगों ने कच्चे-पक्के मकान बना लिए थे। टीले के ऊपर एक छोटा-सा मंदिर नज़र आया। नीचे बहुत बड़ा मैदान था – जहाँ 30 गाड़ियाँ आराम से खड़ी हो सकती थीं।

## मंदिर के पीछे – और एक और खोज

---

मंदिर में जाने से पहले – मंदिर के चारों ओर घूमना पसंद किया।

और जैसे ही मंदिर के पीछे वाले हिस्से में पहुँचे –

सब समझ आ गया।

मंदिर एक ऊँचे टीले पर बना हुआ था। और उस टीले की मिट्टी जहाँ कटी हुई थी – वहाँ अनेक सभ्यताओं की layers नज़र आ रही थीं।

वहाँ जो ईंटें लगी थीं – वे कुछ पुराने समय की थीं और कुछ नए समय की। और वहाँ एक ईंट मिली –

**पौन फीट चौड़ी और १ फीट लंबी – गुप्त वंश के समय की।**

इस तरह की ईंटों के ढेर लगे हुए थे। और आसपास के खेतों में भी फैली पड़ी थीं।

*राजा वेणु किला स्थल – टीले की कटी हुई मिट्टी में अलग-अलग सभ्यताओं की परतें।*

यह देखकर मन में एक विचार उठा –

यह टीला भी अहिच्छत्र जैसा खास हो सकता है। गुप्त वंश की ईंटें मिलना इस ओर इंगित कर रहा है।

## पुजारी महीप जी – और प्राचीन मूर्तियाँ

मंदिर की सीढ़ियों पर जूते उतारकर – भरी तपती दोपहर में – मंदिर में पहुँचे।

वहाँ के पुजारी – **महीप जी** – ने हमारा स्वागत किया।

उन्होंने मंदिर की प्राचीन मूर्तियों के दर्शन करवाए – जो टूटी-फूटी थीं। पर वे किस काल की हैं – यह जानकारी उन्हें नहीं थी।

•

*राजा वेणु किला – मंदिर परिसर। 4 June 2026।*

जिस Dewal वंश के शिलालेख की तलाश में यहाँ आए थे – वह नहीं मिला।

पर पंडित जी ने अपने निवास से मंदिर का एक नक्काशीदार top लाकर दिखाया। बोले – यह पुराना अवशेष है।

उसका निर्माण देखकर मुझे नहीं लगा कि वो प्राचीन काल का था। पर यह बात तो स्पष्ट है –

**उस ऊँचे टीले पर – जहाँ मंदिर बना है और जहाँ गाँव की बस्ती बसी है – उसके नीचे बहुत पुरानी सभ्यता के अवशेष दबे हुए हैं।**

जो ASI के excavation का बेसब्री से इंतज़ार कर रहे हैं।

## अष्टकोणीय कुआँ – और बंद गुफाएँ

---

पंडित जी ने और अन्य गाँव वालों ने कुछ और बातें बताईं।

यहाँ एक **अष्टकोणीय कुआँ** भी है – जिसे गाँव वालों ने भर दिया है। इसलिए वो कुआँ देखने को नहीं मिला। पर अष्टकोणीय कुआँ – यह अपने आप में एक पुरातात्विक महत्व की बात है।

यह भी बताया कि यहाँ **कई गुफाएँ** हैं – जो कहाँ जाती हैं किसी को नहीं पता। और अब safety के नाते उन्हें बंद कर दिया गया है।

पंडित जी की बातों पर ज़रा कम विश्वास हुआ।

पर अष्टकोणीय कुएँ की बात – यह ध्यान देने योग्य है। ऐसे कुएँ प्राचीन काल में बनाए जाते थे। और अगर यह सच है – तो यह टीला वाकई किसी बड़े नगर का हिस्सा रहा होगा।

**वापसी – और एक पूरा दिन**

---

और उसके बाद –

हम अपने सारे सबूतों के साथ – बरेली की तरफ वापस चल पड़े।

4 जून 2026 की यात्रा समाप्त हुई।

एक दिन में क्या-क्या हुआ –

बलाई खेड़ा में 2,500 साल पुरानी सभ्यता के अवशेष। NBPW pottery। intact brick wall। हड्डियाँ। NHAI का विध्वंस।

DM साहब से 20 मिनट की ऐतिहासिक मुलाकात। गोमती नदी का रहस्य।

छतरी चौराहे पर साम्भर वड़ा – जिसने थकी हुई देह में जान फूँक दी।

गौरीशंकर मंदिर के दर्शन।

और राजा वेणु के किले पर – एक और सभ्यता के निशान। गुप्त वंश की विशाल ईंटें। अष्टकोणीय कुआँ। और वे टीले – जो ASI का इंतज़ार कर रहे हैं।

बरेली की तरफ वापस जाते हुए – गाड़ी में खामोशी थी।

हम तीनों अपने-अपने ख़्यालों में डूबे हुए थे।

मनीषा ने कहा – ***'आज जो देखा – वो ज़िंदगी भर नहीं भूलेगा।'***

और लक्ष्य ने कहा – ***'ताऊ जी – अब इसे रुकने नहीं देंगे।'***

दोनों सही कह रहे थे।

यह यात्रा – यह एक दिन – एक किताब की शुरुआत नहीं था।

**यह एक ज़िम्मेदारी की शुरुआत थी।**

## वह सवाल जो बलाई खेड़ा में उठा

बलाई खेड़ा के उस कटे हुए टीले के सामने खड़े होकर –

मन में एक सवाल उठा था।

दक्षिण भारत में हमने Ajanta-Ellora की caves देखी हैं। Hampi के विशाल पत्थर के खंडहर देखे हैं। Thanjavur का Brihadeswara temple देखा है – जिसका शिखर 66 मीटर ऊँचा है और जो 1,000 साल बाद भी उसी तरह खड़ा है।

पर उत्तर भारत में?

यहाँ तो मिट्टी के टीले हैं। ज़मीन के नीचे दबी हुई ईंटें हैं। और JCB से कटती हुई दीवारें हैं।

क्या उत्तर भारत की सभ्यता दक्षिण से कमज़ोर थी? क्या वे कम विकसित थे? क्या वे एक ही सभ्यता के हिस्से थे?

इन सवालों के जवाब – इतिहास और भूगोल दोनों मिलकर देते हैं।

**एक ही सभ्यता – दो अलग रास्ते**

उत्तर और दक्षिण – दोनों एक ही महान सभ्यता की दो शाखाएँ थीं।

पर जैसे एक ही नदी दो धाराओं में बँट जाती है – वैसे ही इन दोनों ने अलग-अलग रास्ते चुने। या यूँ कहें – **उन्हें अलग-अलग रास्ते चुनने पर मजबूर किया गया – भूगोल ने।**

Hindu temple architecture परंपरागत रूप से दो मुख्य शैलियों में विकसित हुई –

**भारतीय स्थापत्य की दो शाखाएँ**

उत्तर भारत – नागर शैली → मिट्टी की ईंट, alluvial plain, गंगा का मैदान

दक्षिण भारत – द्रविड़ शैली → पत्थर, Deccan Plateau, granite की खदानें

दोनों एक ही मूल से – दोनों उतनी ही उन्नत – पर material अलग।

यह material का चुनाव नहीं था।

**यह भूगोल की मजबूरी थी।**

## उत्तर में पत्थर क्यों नहीं – भूगोल का जवाब

---

गंगा का मैदान – जिसे हम Indo-Gangetic Plain कहते हैं – एक विशाल alluvial plain है।

यहाँ हज़ारों फीट नीचे तक केवल मिट्टी है। रेत है। जलोढ़ मिट्टी है।

पत्थर नहीं है।

Vindhya की पहाड़ियाँ दक्षिण में हैं – सैकड़ों किलोमीटर दूर। Himalaya उत्तर में हैं – पर वहाँ से पत्थर लाना उस ज़माने में असंभव था।

तो उत्तर भारत के लोगों ने क्या किया?

उन्होंने वही किया जो उनके पास था।

**उन्होंने मिट्टी को पकाया – और ईंट बनाई।**

और वह ईंट – उस समय दुनिया में सबसे advanced building material थी।

Indus Valley Civilization के शहरों में – Mohenjo-daro में, Harappa में – fired mud-brick का उपयोग था। जबकि उसी समय Mesopotamia की civilizations sun-dried mud bricks से काम चला रही थीं।

**एक चौंकाने वाला तथ्य**

जब दुनिया की बाकी सभ्यताएँ कच्ची मिट्टी से बना रही थीं –

उत्तर भारत की Indus Valley Civilization

पकी हुई ईंट (fired brick) से शहर बना रही थी।

यह उन्नति थी – पिछड़ापन नहीं।

दक्षिण भारत में Deccan Plateau है। वहाँ granite और अन्य पत्थर प्रचुर मात्रा में उपलब्ध था। इसलिए वहाँ की सभ्यताओं ने पत्थर से निर्माण किया।

यह उनकी श्रेष्ठता नहीं थी – यह उनका भूगोल था।

**पत्थर टिका – मिट्टी मिट गई**

---

अब सबसे महत्वपूर्ण बात –

दक्षिण भारत के temples आज भी खड़े हैं – इसलिए नहीं कि वे बेहतर थे। बल्कि इसलिए कि **पत्थर हज़ारों साल टिकता है।**

उत्तर भारत के महल, मंदिर, किले – मिट्टी की ईंट से बने थे। और मिट्टी – बारिश में, बाढ़ में, समय के साथ – मिट्टी में मिल जाती है।

इसीलिए –

> *दक्षिण का temple दिखता है – इसलिए पूजा होती है।*
>
> *उत्तर का temple दबा है – इसलिए JCB चल रही है।*

यह कमज़ोरी नहीं है। यह भूगोल का अन्याय है।

और इसी अन्याय का शिकार है – बलाई खेड़ा।

## ASI का पक्षपात – आँकड़े बोलते हैं

---

इस भौगोलिक असमानता को ASI ने और गहरा कर दिया।

दक्षिण भारत में जो दिखता है – उसे ASI ने protect किया। जो नहीं दिखता – यानी उत्तर भारत के मिट्टी में दबे खज़ाने – उन्हें नज़रअंदाज़ किया।

**ASI के आँकड़े – जो शर्मिंदा करते हैं**

✦ ASI के 3,693 protected monuments में से 50 गायब हो चुके हैं।

✦ इन 50 में से आधे अकेले उत्तर प्रदेश के हैं।

✦ UP के गायब monuments में Buddhist ruins, prehistoric megaliths,

rock inscriptions – सब शामिल हैं।

✦ 2024 में सरकार ने खुद 18 heritage structures को delist किया।

✦ Unnao में ASI ने एक सपने के आधार पर सोने की खुदाई की –

पर बलाई खेड़ा 117 साल से अनदेखा रहा।

यह केवल लापरवाही नहीं है।

**यह एक सभ्यता के साथ अन्याय है।**

**पश्चिम का आरोप – और हमारी चुप्पी**

---

Europe और America कहते हैं –

> *"भारत अपनी सांस्कृतिक विरासत की रक्षा नहीं कर सकता।"*
>
> *"उत्तर भारत के archaeological sites सबसे ज़्यादा खतरे में हैं।"*
>
> *"कानून हैं – पर implementation नहीं।"*

UNESCO का अनुमान है कि 1989 तक 50,000 से अधिक art objects भारत से smuggle हो चुके थे। और officials खुद मानते हैं कि exact count असंभव है।

यह सुनकर मन में क्रोध आता है।

पर बलाई खेड़ा में खड़े होकर –

JCB को उस 2,500 साल पुरानी दीवार को काटते देखकर –

उन हड्डियों को देखकर जो मिट्टी से बाहर झाँक रही थीं –

**मुँह से एक शब्द नहीं निकलता।**

क्योंकि वे गलत नहीं कह रहे।

**क्या उत्तर भारत अधिक उन्नत था?**

---

यह सवाल उलटा भी पूछा जा सकता है –

क्या उत्तर भारत दक्षिण से ज़्यादा उन्नत था?

**इसका जवाब है –**

**हाँ – कुछ मायनों में।**

**उत्तर भारत की उन्नति – जो दुनिया ने नहीं देखी**

✦ Rakhigarhi (हरियाणा) – 4000-3200 BCE – दुनिया की सबसे बड़ी

Indus Valley site – planned streets, drainage system।

✦ Mohenjo-daro – fired mud-brick से बना – जब दुनिया कच्ची मिट्टी से काम चला रही थी।

✦ Ahichchhatra (बरेली) – 1000 BCE से 1200 CE तक लगातार आबाद – पांचाल राज्य की राजधानी।

✦ Lahuradewa (UP) – 9th millennium BP – दुनिया में

सबसे पहले rice cultivation का evidence।

✦ Varanasi – दुनिया का सबसे पुराना लगातार

आबाद शहर – 3,000 साल से ज़्यादा।

**यह सभ्यता पिछड़ी नहीं थी।**

यह सभ्यता मिट्टी में दब गई – और किसी ने खोजने की कोशिश नहीं की।

**बलाई खेड़ा – इसी उपेक्षा का शिकार**

---

बलाई खेड़ा इसी पूरी कहानी का एक हिस्सा है।

उत्तर भारत का। मिट्टी में दबा हुआ। अनदेखा। अनखोजा।

1909 में General Cunningham आए। देखा। 'most promising site' कहा। और चले गए।

ASI ने कभी इसे अपनी protected list में नहीं डाला।

और 2026 में NHAI ने JCB लगा दी।

दक्षिण में अगर यही site होती –

तो शायद आज वहाँ एक Museum होता। एक Tourist Center होता। UNESCO Heritage का tag होता।

पर यह उत्तर भारत है।

यहाँ मिट्टी के टीले – फ्री की मिट्टी हैं।

यहाँ 2,500 साल पुरानी ईंटें – road की भराई के काम आती हैं।

**जब तक हम अपनी मिट्टी की क़द्र नहीं करेंगे –**

**कोई और भी नहीं करेगा।**

# अध्याय ३

## महाभारत की धरती – पीलीभीत

*काम्यक वन की वे घटनाएँ – जो आज भी पीलीभीत की मिट्टी में जीवित हैं*

### नीलू बुआ और मनीषा – वह शाम जब सब बदल गया

यह किताब लिखने का सिलसिला चल रहा था। एक शाम – घर में बैठे हुए – मैंने अपनी बुआ – **नीलू बुआ** – को बताया कि पीलीभीत के बारे में एक किताब लिख रहा हूँ।

---

नीलू बुआ – जो हमारे परिवार की सबसे बड़ी धर्मपरायण महिला हैं। जिन्होंने पुराण-कथाएँ सुनने और सुनाने में अपना जीवन बिताया है। जिनकी स्मृति में वेद, पुराण और महाभारत के अनगिनत प्रसंग जीवित हैं।

और साथ में बैठी थीं – **मनीषा।** मेरी पत्नी। जो इस पूरी यात्रा में मेरे साथ थीं – बलाई खेड़ा से DM office तक।

मैंने कहा – 'पीलीभीत केवल बाँसुरी और बाघों का शहर नहीं है। यह महाभारत की धरती है।'

दोनों ने एक-दूसरे को देखा।

फिर मैंने मयूरध्वज की कहानी सुनाई।

वह राजा जिसने अपनी आधी देह दान में दे दी। वह पुत्र जिसने अर्जुन को हरा दिया। वह भूमि जहाँ कृष्ण रोए।

और जैसे ही कहानी खत्म की – नीलू बुआ की आँखें चौड़ी हो गईं।

*"अरे – यह तो हमने Vishnu Puran में सुनी है!"*

मनीषा ने भी तुरंत हामी भरी –

*"हाँ – यह Vishnu Puran की कहानी है। हम बचपन से सुनते आए हैं।"*

मैं मुस्कुराया।

और कहा – 'बुआ जी – यह कहानी विष्णु पुराण में नहीं है। यह महाभारत के अश्वमेध पर्व में है।'

नीलू बुआ थोड़ी रुकीं। फिर बोलीं – 'पर हमने तो कथावाचक से विष्णु पुराण की कथा में सुनी थी।'

यही हुआ है – यह कहानी इतनी प्रसिद्ध है, इतनी घर-घर में पहुँची है – कि कथावाचक इसे विष्णु पुराण की कथाओं के साथ सुनाने लगे। पर मूल स्रोत है महाभारत।

विष्णु पुराण – जो पराशर ऋषि द्वारा रचित है – केवल 126 chapters और लगभग 7,000 verses का ग्रंथ है। इसमें सृष्टि की उत्पत्ति, वंशावलियाँ, कृष्णावतार और कलियुग का वर्णन है। मयूरध्वज का कोई chapter इसमें नहीं है।

नीलू बुआ ने स्वीकार किया – 'हाँ – शायद महाभारत की कथा ही होगी।'

और फिर मैंने कहा – 'पर इससे भी बड़ी बात यह है कि यह कहानी पीलीभीत की धरती पर हुई थी।'

दोनों चुप हो गईं।

और फिर मैंने दो और घटनाएँ बताईं – जो इसी धरती पर हुई थीं।

जयद्रथ द्वारा द्रौपदी हरण। और दुर्वासा ऋषि का वह प्रसंग।

नीलू बुआ ने पहले विश्वास नहीं किया।

पर जब source बताया – महाभारत का Vana Parva – तो वे कुछ देर के लिए चुप हो गईं।

और फिर धीरे से बोलीं –

*"मतलब – वह जंगल जहाँ आज बाघ रहते हैं*

*–*

***वहीं द्रौपदी रही थी? वहीं कृष्ण आए थे?"***

हाँ। वही जंगल।

**काम्यक वन – जो आज पीलीभीत Tiger Reserve है।**

– ✦ –

## काम्यक वन – महाभारत का वह जंगल जो आज भी जीवित है

महाभारत में काम्यक वन का उल्लेख बार-बार आता है।

यह वन गंगा के मैदान के उत्तरी छोर पर था। हिमालय की तलहटी में। तराई में। जहाँ घने साल के वन थे। अनगिनत नदियाँ थीं। वन्य जीव थे। और वह एकांत था – जो एक वनवासी को चाहिए।

पांडवों ने अपने 12 वर्षों के वनवास का बड़ा हिस्सा यहीं बिताया था।

महाभारत के Vana Parva में – जिसे वन पर्व भी कहते हैं – काम्यक वन का वर्णन बार-बार आता है। कभी उसे 'महान वन' कहा गया है। कभी 'देवताओं की क्रीड़ास्थली।' कभी 'ऋषियों का आश्रय।'

और भूगोल के अनुसार – यह वन उत्तर प्रदेश के उस क्षेत्र में था – जो आज पीलीभीत, लखीमपुर और बहराइच के जंगलों से बना है।

आज उसी स्थान पर है –

**काम्यक वन = पीलीभीत Tiger Reserve**

✦ क्षेत्रफल: 730 वर्ग किलोमीटर

✦ बाघों की संख्या: 79 से अधिक (Project Tiger की गणना के अनुसार)

✦ मुख्य वन: साल (Shorea robusta) – वही वन जो महाभारत काल में था

✦ नदियाँ: शारदा, देवहा, खाकरा – वही नदियाँ जो Vana Parva में वर्णित हैं

✦ UNESCO का Ramsar Wetland designation – 2024

पांडव जहाँ रहते थे – आज वहाँ बाघ रहते हैं।

यह कोई coincidence नहीं है।

**यह इतिहास का निरंतर प्रवाह है।**

वही मिट्टी। वही नदियाँ। वही घने जंगल। केवल निवासी बदले हैं।

– ✦ –

## पहली घटना – जयद्रथ और द्रौपदी हरण

यह प्रसंग महाभारत के वन पर्व के 'द्रौपदी हरण पर्व' में है। वनवास का दसवाँ वर्ष चल रहा था।

पांडव काम्यक वन में अपने आश्रम में रह रहे थे। दिनचर्या सरल थी – प्रातःकाल स्नान, ध्यान, शिकार, अतिथि सेवा, और रात्रि विश्राम।

द्रौपदी इस वनवास में सबसे कठिन परिस्थितियों से गुज़र रही थीं। जिन्होंने कभी राजमहल में जीवन जिया था – वे अब वन की कुटिया में रहती थीं। जिनके वस्त्र कभी रेशम के होते थे – वे अब वल्कल पहनती थीं।

पर उनका मन – वह कभी नहीं टूटा।

उस दिन – पांचों पांडव शिकार पर गए थे। आश्रम में केवल द्रौपदी थीं। साथ में थे ऋषि त्रिणाबिंदु और पुरोहित धौम्य।

**महाभारत – वन पर्व, द्रौपदी हरण पर्व**

*"The Pandavas, the great warriors of the race of Bharata,*

*sojourned like immortals in the great forest of Kamyaka,*

*employed in hunting and pleased with the sight of numerous*

*wild tracts of country and wide reaches of woodland,*

*gorgeous with flowers blossoming in season."*

*– Mahabharata, Vana Parva (Sacred Texts Archive)*

उसी दिन –

सिंधु नरेश **जयद्रथ** अपनी विशाल सेना के साथ Salva राज्य की ओर जा रहे थे – एक राजकन्या से विवाह के लिए।

जयद्रथ – दुःशला के पति। दुःशला – धृतराष्ट्र और गांधारी की एकमात्र पुत्री। यानी – वे पांडवों के बहनोई थे। रिश्ते में।

थके हुए। और उन्होंने काम्यक वन में पड़ाव डाला।

और तभी – उनकी नज़र आश्रम के द्वार पर खड़ी द्रौपदी पर पड़ी।

**महाभारत – मूल संस्कृत पाठ से (अनुवाद)**

*"And the prince halted in the woods of Kamyaka.*

*And in that secluded place, he found the beautiful Draupadi,*

*the beloved and celebrated wife of the Pandavas,*

*standing at the threshold of the hermitage.*

*And she looked grand in the superb beauty of her form,*

*and seemed to shed a lustre on the woodland around,*

*like lightning illuminating masses of dark clouds.*

*And they who saw her asked themselves,*

*'Is this an Apsara, or a daughter of the gods, or a celestial phantom?'"*

*– Mahabharata, Vana Parva, Draupadi-harana Parva*

जयद्रथ के मन में पाप उत्पन्न हुआ।

उन्होंने अपने मंत्री **कोटिकास्य** को भेजा – पता लगाने के लिए।

कोटिकास्य गया। द्रौपदी के पास पहुँचा। विनम्रता से परिचय पूछा। द्रौपदी ने उसे अतिथि समझा और स्वागत की तैयारी करने लगीं।

कोटिकास्य लौटा और जयद्रथ को बताया – ये पांडवों की पत्नी द्रौपदी हैं।

और साथ में चेतावनी दी –

*"महाराज – यहाँ से चले जाइए।*

*पांडवों से शत्रुता मोल लेना विनाश को आमंत्रण देना है।*

*अर्जुन का धनुष और भीम की गदा –*

*इन्हें जानते हैं आप।"*

पर जयद्रथ नहीं माने।

वे आश्रम में घुसे। द्रौपदी के सामने प्रस्ताव रखा –

***"सुंदरी – तुम्हारे पाँच पति हैं जो वन में भटक रहे हैं।***

***मैं सिंधु का राजा हूँ।***

***मेरे साथ चलो। राजमहल में रहो।"***

द्रौपदी ने सिर उठाया।

और जो कहा – वह इतिहास में दर्ज हो गया –

> *"जैसे ही वे Kuru warriors मुझे देखेंगे –*
>
> *वे मुझे वापस इन्हीं काम्यक के जंगलों में ले आएँगे।*
>
> *तुम मुझे अपने स्पर्श से अपवित्र नहीं कर सकते।"*

जयद्रथ ने एक पल रुककर – द्रौपदी को बलपूर्वक अपने रथ पर बिठाया – और चल दिए।

धात्रेयिका – द्रौपदी की सखी – दौड़ते हुए ऋषि धौम्य के पास गई।

ऋषि धौम्य ने द्रौपदी के पीछे-पीछे जाना शुरू किया – वेद मंत्रों का उच्चारण करते हुए। जैसे एक निहत्था ब्राह्मण – अपने साहस से ही रोकने की कोशिश कर रहा हो।

पर जयद्रथ नहीं रुका।

— ✦ —

## भीम का वह क्रोध – जो काम्यक वन काँप उठा

पांडव शिकार से लौटे।

आश्रम सूना था।

धात्रेयिका ने रोते हुए सब बताया।

युधिष्ठिर का चेहरा पत्थर हो गया।

अर्जुन का हाथ गांडीव पर चला गया।

और भीम –

भीम की आँखों में वह लाली आ गई जो युद्ध से पहले आती थी।

वे बोले –

*"युधिष्ठिर भाई – अनुमति दीजिए।*

*मैं अभी उस दुष्ट को ले आता हूँ।"*

पाँचों रथों पर सवार हुए।

काम्यक वन में जयद्रथ की सेना की धूल दिख रही थी।

और पांडव उस धूल के पीछे दौड़ पड़े।

युद्ध छिड़ा। जयद्रथ की सेना का नाश होने लगा। और अंत में – भीम की गदा ने जयद्रथ को घेर लिया।

द्रौपदी मुक्त हुईं।

जयद्रथ को बंदी बनाकर युधिष्ठिर के सामने लाया गया।

अर्जुन ने कहा – 'वध करो।'

भीम ने गदा उठाई।

पर युधिष्ठिर ने हाथ रोका –

*"नहीं।*

*यह दुःशला का पति है।*

*हमारी बहन विधवा हो जाएगी।*

*छोड़ दो इसे।"*

भीम ने एक पल रुककर – जयद्रथ को छोड़ दिया। पर पहले उसका मुंडन करवाया। उसे अपमानित करके।

जयद्रथ गया – लज्जित, पराजित, अपमानित।

गंगाद्वार में जाकर उसने शिव की तपस्या की।

और शिव से वरदान माँगा – 'मुझे शक्ति दो कि पांडवों को युद्ध में रोक सकूँ।'

शिव ने कहा – 'केवल अर्जुन को छोड़कर – बाकी पांडवों को तुम एक दिन के लिए रोक सकते हो।'

यही वरदान – बाद में अभिमन्यु की मृत्यु का कारण बना।

चक्रव्यूह में – जयद्रथ ने द्वार बंद किया। और अकेले अभिमन्यु – चारों तरफ से घिरकर – वीरगति को प्राप्त हुए।

**एक पाप – काम्यक वन में।**

**एक परिणाम – कुरुक्षेत्र में।**

इतिहास की धाराएँ यहीं से बदली थीं।

पीलीभीत की इस मिट्टी में।

– ✦ –

## दूसरी घटना – दुर्वासा ऋषि और कृष्ण का चमत्कार

यह प्रसंग भी वन पर्व का है।

पांडव काम्यक वन में।

एक और दिन।

इससे पहले इस प्रसंग को समझने के लिए – **अक्षय पात्र** को समझना होगा।

वनवास के प्रारंभ में – जब पांडव जंगल में आए – तो सबसे बड़ी समस्या थी भोजन की। न केवल पांचों पांडव और द्रौपदी – बल्कि उनके साथ सैकड़ों ब्राह्मण और सेवक भी थे।

युधिष्ठिर ने सूर्यदेव की आराधना की।

और सूर्यदेव ने दिया – **अक्षय पात्र।** एक ऐसा पात्र जो हर दिन असीमित भोजन देता था। जब तक द्रौपदी स्वयं न खा लें – पात्र भोजन देता रहता था। जैसे ही द्रौपदी खाती थीं – उस दिन के लिए पात्र खाली हो जाता था।

यह व्यवस्था चल रही थी।

पर दुर्योधन इससे परिचित था।

## दुर्योधन की चाल – और दुर्वासा का आगमन

---

हस्तिनापुर में – दुर्योधन ने **दुर्वासा ऋषि** की विशेष सेवा की।

दुर्वासा – जिनका क्रोध दुनिया में सबसे प्रसिद्ध था।

जिन्होंने कुंती को वह मंत्र दिया था – जिससे पांडवों का जन्म हुआ।

जिन्होंने शकुंतला को श्राप दिया था।

जिनके क्रोध से देवता भी काँपते थे।

दुर्योधन ने उन्हें प्रसन्न किया। और एक वरदान माँगा –

*"महर्षि – मेरे भाइयों – पांडवों – के पास जाइए।*

*उनसे मिलिए।*

*पर जाइए तब – जब द्रौपदी भोजन कर चुकी हों।"*

दुर्वासा ने वचन दिया।

दुर्योधन की चाल साफ़ थी –

जब दुर्वासा अपने दस हज़ार शिष्यों के साथ भूखे आएँगे – और अक्षय पात्र खाली होगा – तो दुर्वासा क्रुद्ध होंगे। और उनका श्राप पांडवों को नष्ट कर देगा।

यह था दुर्योधन का षड्यंत्र।

— ✦ —

**वह दोपहर – जब द्रौपदी का दिल डूब गया**

---

उस दिन –

द्रौपदी भोजन कर चुकी थीं।

अक्षय पात्र धो दिया था। एक कोने में रख दिया था।

पांडव अपने-अपने काम में लगे थे।

और तभी – बाहर से आवाज़ आई।

दुर्वासा ऋषि – अपने दस हज़ार शिष्यों के साथ – काम्यक वन के आश्रम के बाहर खड़े थे।

युधिष्ठिर बाहर निकले। विनम्रता से चरण छुए।

दुर्वासा बोले –

*"हम भूखे हैं।*

***हमने सुना है कि द्रौपदी अद्भुत भोजन परोसती हैं।***

***पहले नदी में स्नान करेंगे।***

***वापस आने पर भोजन तैयार रखो।"***

युधिष्ठिर ने सिर झुकाकर कहा – 'जैसी आज्ञा।'

और दुर्वासा अपने शिष्यों के साथ नदी की ओर चले गए।

युधिष्ठिर भीतर आए। द्रौपदी को बुलाया।

और बताया –

द्रौपदी का चेहरा पीला पड़ गया।

दस हज़ार लोग। भूखे। और पात्र – खाली।

**महाभारत – वन पर्व (आधुनिक अनुवाद)**

*"Draupadi felt faint.*

*She had just eaten and had washed the platter clean.*

*Where would she find food for Durvasa and his disciples?*

> *Like everyone else, Draupadi had heard of the rishi's temper.*
>
> *She sat on the floor with her head in her hands*
>
> *and whispered in despair –*
>
> *'Krishna, help me!'"*
>
> *– The Mahabharata: A Modern Rendering, Vana Parva*

द्रौपदी ज़मीन पर बैठ गईं।

सिर हाथों में ले लिया।

और आँखें बंद करके – मन ही मन – पुकारा

***"कृष्ण।"***

बस एक शब्द।

पर उस एक शब्द में – सारी बेचारगी थी। सारी असहायता थी। सारा विश्वास था।

– ✦ –

**कृष्ण का आगमन – एक अन्न का कण**

---

और तभी –

द्वार पर एक परिचित आवाज़ आई।

*"मुझे भूख लगी है, पांचाली!*

*कुछ खाने को दो – जल्दी।"*

द्रौपदी ने आँखें खोलीं।

द्वार पर कृष्ण खड़े थे।

पीताम्बर पहने। सिर पर मोर-पंख। मुस्कुराते हुए।

द्रौपदी रोते हुए उठीं –

*"कृष्ण – कुछ नहीं है।*

*पात्र खाली है।*

*दुर्वासा दस हज़ार शिष्यों के साथ आए हैं।*

*अभी लौटेंगे – भोजन माँगेंगे।*

*और मेरे पास देने को कुछ नहीं।"*

कृष्ण ने शांति से कहा – 'पात्र लाओ।'

द्रौपदी ने वह खाली, धुला हुआ पात्र लाकर दिया।

कृष्ण ने उसमें झाँका।

उस खाली पात्र में – एक अन्न का कण था। सब्ज़ी का एक छोटा-सा टुकड़ा।

कृष्ण ने वह कण उठाया।

और खाया।

बस।

बस इतना।

और उसी क्षण – नदी में स्नान कर रहे दुर्वासा और उनके दस हज़ार शिष्यों के पेट – भर गए।

उन्हें लगा जैसे किसी ने भव्य भोज कराया हो। जैसे अभी-अभी कुछ खाया हो। जैसे और खाना संभव ही न हो।

दुर्वासा के शिष्यों ने एक-दूसरे को देखा।

दुर्वासा समझ गए।

वे जानते थे – यह किसका कार्य है।

वे वापस नहीं गए।

चुपचाप – अपने शिष्यों के साथ – उस जंगल से चले गए।

और द्रौपदी –

काम्यक वन में – हाथ जोड़कर खड़ी रहीं।

आँखें बंद। आँसू गालों पर।

**वही काम्यक वन – जो आज पीलीभीत Tiger Reserve है।**

जहाँ आज वनरक्षक गश्त करते हैं – वहाँ कभी कृष्ण ने एक अन्न के कण से दस हज़ार लोगों का पेट भरा था।

— ✦ —

## तीसरी घटना – राजा मयूरध्वज और रत्नावती नगरी

यह प्रसंग महाभारत युद्ध के बाद का है।

कुरुक्षेत्र का रण समाप्त हो चुका था। लाखों योद्धा वीरगति को प्राप्त हो चुके थे। युधिष्ठिर हस्तिनापुर के राजा बन चुके थे।

पर राजा बनने के बाद भी –

युधिष्ठिर के मन में शांति नहीं थी।

इतने लोगों की मृत्यु। इतना रक्त। इतना विनाश।

कृष्ण और वेद व्यास ने सुझाव दिया –

***"अश्वमेध यज्ञ करो।***

***यह प्रायश्चित का मार्ग है।"***

युधिष्ठिर ने अश्वमेध यज्ञ का निश्चय किया।

एक श्वेत अश्व – यज्ञ का घोड़ा – छोड़ा गया।

और अर्जुन उसके पीछे चल दिए – अपनी विशाल सेना के साथ।

घोड़ा जहाँ-जहाँ जाता – वहाँ के राजा या तो युधिष्ठिर की अधीनता स्वीकार करते – या अर्जुन से युद्ध।

**रत्नावती नगरी – पीलीभीत की धरती**

---

घोड़ा चलता रहा।

मणिपुर से आगे। और फिर – वह घोड़ा उत्तर की ओर मुड़ा।

पांचाल राज्य की उत्तरी सीमा की ओर।

और वहाँ –

एक नगरी थी। **रत्नावती नगरी।**

रत्नावती – यानी रत्नों से भरी हुई नगरी। जहाँ समृद्धि थी। जहाँ धर्म था। जहाँ एक महान राजा का राज्य था।

वह राजा था – **मयूरध्वज।**

मयूरध्वज – यानी जिसकी ध्वजा पर मोर बना हो। Haihaya वंश के। कृष्ण के परम भक्त। और महान दानी।

उनके पुत्र थे – **ताम्रध्वज।** यानी जिसकी ध्वजा पर ताँबे का रंग हो। महान योद्धा।

रत्नावती नगरी – यह वही भूमि थी जो आज पीलीभीत है।

पांचाल राज्य की उत्तरी सीमा पर। तराई के वनों के किनारे। जहाँ काम्यक वन था।

**रत्नावती नगरी – पीलीभीत connection**

✦ पांचाल राज्य की राजधानी थी – अहिच्छत्र (आज का रामनगर, बरेली)

✦ उत्तरी सीमा पर था – तराई क्षेत्र – आज का पीलीभीत

✦ रत्नावती नगरी – पांचाल की उत्तरी नगरी – पीलीभीत क्षेत्र में

✦ Mahabharat के Ashwamedha Parva में यही geography है

✦ 1909 Gazetteer – 'This area formed part of Panchala kingdom'

**तामध्वज – जिसने अर्जुन को हराया**

---

यज्ञ का घोड़ा जब रत्नावती नगरी की सीमा में आया

ताम्रध्वज ने उसे देखा।

ताम्रध्वज – जो स्वयं भी एक यज्ञ कर रहे थे। जो अपने पिता मयूरध्वज के यज्ञ की रक्षा कर रहे थे।

उन्होंने घोड़े को पकड़ लिया।

युधिष्ठिर का दूत आया – 'यह यज्ञ घोड़ा है। छोड़ दो।'

ताम्रध्वज ने कहा – 'इस घोड़े को मैंने पकड़ा है। अगर लेना है – तो युद्ध करो।'

अर्जुन आए।

गांडीव हाथ में। कृष्ण सारथी।

युद्ध शुरू हुआ।

और जो हुआ – वह अकल्पनीय था।

**ताम्रध्वज ने अर्जुन को हरा दिया।**

वह अर्जुन – जिसने द्रोणाचार्य से शिक्षा ली थी। जिसने परशुराम से अस्त्र सीखे थे। जिसने कुरुक्षेत्र में कर्ण को हराया था।

उसका गांडीव – पीलीभीत की इस धरती पर निष्प्रभावी हो गया।

कृष्ण को भी – उस युद्ध से पीछे हटना पड़ा।

भीम, सात्यकि, वृषकेतु – सब आए। सब पराजित हुए।

क्यों? क्योंकि ताम्रध्वज कृष्ण का परम भक्त था। और कृष्ण – अपने भक्त के विरुद्ध अपनी शक्ति नहीं लगा सकते थे।

यह युद्ध शस्त्र का नहीं था।

**यह भक्ति का युद्ध था।**

और भक्ति में – अर्जुन का कोई जोड़ नहीं था।

— ✦ —

## कृष्ण की योजना – और वह परीक्षा

कृष्ण समझ गए। इस युद्ध में जीत नहीं होगी।

तब कृष्ण ने एक योजना बनाई। वे और अर्जुन – ब्राह्मण और शिष्य का वेश धारण करके – राजा मयूरध्वज के दरबार में पहुँचे।

मयूरध्वज ने उनका स्वागत किया।

कृष्ण ने कहा –

*"महाराज – मैं एक गरीब ब्राह्मण हूँ।*

*मेरे पास एक सिंह है।*

*वह भूखा है।*

*पर वह सामान्य माँस नहीं खाता।*

*उसे किसी राजवंश के पुरुष का –*

*आधा शरीर चाहिए।*

*और वह भी – बिना आँसू के काटा हुआ।*

*अगर काटते समय एक भी आँसू गिरा*

*तो सिंह उसे खाएगा नहीं।"*

दरबार में सन्नाटा छा गया। मंत्री काँपने लगे।

और राजा मयूरध्वज बिना एक पल रुके – मुस्कुराते हुए – बोले

*"ब्राह्मण देव – आरी लाओ।*

*मेरा शरीर हाज़िर है।*

*आधा शरीर काटकर इस सिंह को दो।"*

रानी पद्मावती ने रोना चाहा।

मयूरध्वज ने उनकी ओर देखा – शांत नज़रों से – और कहा –

*"रानी – एक भी आँसू मत बहाना।*

***यह ब्राह्मण देव के सिंह के लिए दान है।***

***और दान में – विलाप नहीं होता।***

***अगर रोए – तो दान अस्वीकार हो जाएगा।"***

रानी ने हाथ जोड़े। आँखें बंद कीं। और आँसू पीकर – आरी उठाई।

राजा मयूरध्वज ने ज़मीन पर लेट गए।

रानी ने आरी चलाई – राजा के शरीर पर।

और राजा के चेहरे पर –

**न दर्द था। न भय। न रोना। केवल – मुस्कान।**

एक शांत, स्थिर, दिव्य मुस्कान।

जैसे कोई प्रिय वस्तु दान में दे रहे हों।

आधा शरीर कट गया।

रानी ने उसे सिंह के सामने रखा।

एक आँसू नहीं।

## कृष्ण के आँसू – वह दृश्य जो इतिहास में अमर है

---

और तब कृष्ण का ब्राह्मण वेश उतर गया।

उनका दिव्य रूप प्रकट हुआ – पीताम्बर, मोर-पंख, सुदर्शन चक्र।

अर्जुन का शिष्य वेश भी उतरा।

और कृष्ण की आँखों में –

आँसू थे।

जो कृष्ण कुरुक्षेत्र के महायुद्ध में नहीं रोए थे – वे पीलीभीत की इस धरती पर रो रहे थे।

अर्जुन चौंक गए –

*"माधव – आप क्यों रो रहे हैं?"*

कृष्ण ने कहा –

*"अर्जुन –*

*मैंने आज तक ऐसा भक्त नहीं देखा।*

*इस राजा ने – बिना एक आँसू के –*

*अपनी देह का आधा हिस्सा दे दिया।*

*दर्द था। पर दिखाया नहीं।*

*रानी को भी रोने नहीं दिया।*

*तुम्हें अहंकार था कि तुमसे बड़ा भक्त कोई नहीं।*

***आज देखो – यह है सच्ची भक्ति।"***

अर्जुन निःशब्द हो गए।

कृष्ण ने मयूरध्वज को आशीर्वाद दिया।

राजा का शरीर पुनः पूर्ण हो गया।

ताम्रध्वज ने युद्ध रोक दिया।

और यज्ञ का घोड़ा – मुक्त हो गया।

**अर्जुन का अहंकार – पीलीभीत की इस मिट्टी में चूर हो गया।**

---

## विष्णु पुराण में नहीं – फिर भी घर-घर में

जब नीलू बुआ ने कहा – 'यह विष्णु पुराण में है' – तो उन्होंने गलत नहीं कहा था।

यह कहानी इतनी प्रसिद्ध है – इतनी पवित्र मानी जाती है – कि कथावाचक इसे हर कथा में सुनाते हैं। चाहे वे Bhagavata Purana की कथा कर रहे हों – या विष्णु पुराण की – मयूरध्वज की यह कहानी बीच में आ जाती है।

पर scholarly दृष्टि से –

**मयूरध्वज कथा – सही source**

✦ विष्णु पुराण में नहीं –

विष्णु पुराण = 126 chapters, ~7,000 verses

(सृष्टि, वंशावली, कृष्णावतार, कलियुग – मयूरध्वज नहीं)

✦ मूल source – महाभारत का अश्वमेध पर्व

(Ashvamedhika Parva – Chapter 14 of Mahabharata)

✦ Indian Folklore में – Mahabharata period की कथा के रूप में

(Wikipedia: 'Based on: Mahabharata')

✦ इतनी प्रसिद्ध हुई कि कथावाचकों ने सभी पुराण कथाओं में जोड़ी

पर इससे कहानी की महत्ता कम नहीं होती।

महाभारत – जो स्वयं वेद व्यास की रचना है – उसमें यह कथा दर्ज है।

और महाभारत को **पंचम वेद** कहा गया है।

यानी – यह कहानी वेद के समान प्रामाणिक है।

## तीन घटनाएँ – एक धरती – एक सत्य

तीन अलग-अलग दिन।

तीन अलग-अलग प्रसंग।

तीन अलग-अलग पात्र।

पर एक ही धरती।

काम्यक वन – पीलीभीत।

काम्यक वन में –

जयद्रथ ने द्रौपदी का अपहरण किया था। इसी जंगल में भीम की गदा गूँजी थी। इसी धरती पर युधिष्ठिर की क्षमा ने जयद्रथ को जीवन दिया – और बाद में उसी क्षमा ने अभिमन्यु की मृत्यु का मार्ग खोला।

काम्यक वन में –

दुर्वासा दस हज़ार शिष्यों के साथ आए थे। द्रौपदी का दिल डूब गया था। और कृष्ण ने एक अन्न के कण से चमत्कार किया था। उस चमत्कार की गूँज – आज भी इस जंगल में सुनाई देती है।

रत्नावती नगरी में – आज का पीलीभीत –

मयूरध्वज ने अपनी आधी देह दान में दी थी। ताम्रध्वज ने अर्जुन को हराया था। और कृष्ण रोए थे – उस भक्ति को देखकर जो अर्जुन में नहीं थी।

> *जिस भूमि में आज बाघ रहते हैं –*
>
> *वहाँ कभी द्रौपदी ने कृष्ण को पुकारा था।*
>
> *जिस जंगल में आज वनरक्षक गश्त करते हैं –*
>
> *वहाँ कभी अर्जुन का गांडीव निष्प्रभावी हुआ था।*
>
> *जिस मिट्टी में आज NHAI की JCB चल रही है –*
>
> *उस मिट्टी में कृष्ण के आँसू समाए हैं।*

यह किताब इसीलिए लिखी जा रही है –

ताकि यह धरती अपना परिचय जाने।

**पीलीभीत – केवल बाँसुरी और बाघों का शहर नहीं है।**

**यह महाभारत की धरती है।**

## अध्याय ४

# गोमती – धरती से जन्मी नदी

*वह नदी जो पहाड़ की बर्फ से नहीं – पीलीभीत की मिट्टी से जन्मी है*

**वह पाइप – जो बचपन में देखा था**

---

जब छोटा था – पीलीभीत में।

और बाज़पुर में – जो उत्तराखंड की तराई में है।

वहाँ एक अजब दृश्य देखा था – जिसे बरसों बाद भी नहीं भुला सका।

ज़मीन में एक 4 इंच का मोटा लोहे का पाइप गड़ा हुआ था।

और उससे – बिना किसी pump के, बिना किसी motor के, बिना किसी बिजली के –

**24 घंटे, निरंतर, मोटी धार से – शुद्ध पानी बहता रहता था।**

न रुकता था। न कम होता था।

गर्मी हो, सर्दी हो, बरसात हो – वह पाइप हमेशा बहता था।

किसान उसी पानी से खेत सींचते थे। उसी पानी को पीते थे। उसी पानी से जानवरों को पिलाते थे।

पूछा था एक बार – यह पानी कहाँ से आता है?

जवाब मिला था – *'ज़मीन के नीचे से। यहाँ पानी की कमी नहीं।'*

तब इतना समझ नहीं आया था।

पर आज – जब पीलीभीत के इतिहास को खोज रहा हूँ – तब समझ आया कि वह पाइप कोई साधारण पाइप नहीं था।

वह तराई की उस अद्भुत भूगर्भीय संरचना का प्रमाण था – जो पीलीभीत को दुनिया के सबसे समृद्ध कृषि क्षेत्रों में से एक बनाती है।

और उसी भूगर्भीय जल का सबसे बड़ा उपहार है –

**गोमती नदी।**

## तराई – वह भूमि जहाँ ज़मीन के नीचे समुद्र है

पीलीभीत एक तराई क्षेत्र है।

तराई – यानी वह पट्टी जो हिमालय की तलहटी और गंगा के मैदान के बीच में है।

हिमालय की बर्फ हज़ारों सालों से पिघलती रही है। वह पानी पहाड़ों से उतरकर तराई की मिट्टी में समाता रहा है। परत-दर-परत। सदी-दर-सदी।

आज तराई की ज़मीन के नीचे – एक विशाल भूजल भंडार है।

इतना विशाल – कि ज़मीन में 4 इंच का पाइप डाल दो – और पानी खुद बाहर आ जाता है।

यह Artesian water system है – जहाँ भूजल का दबाव इतना अधिक होता है कि बिना pump के भी पानी ऊपर आ जाता है।

**तराई का भूजल – वे तथ्य जो चौंकाते हैं**

✦ पीलीभीत में भूजल स्तर ज़मीन से केवल 2-5 मीटर नीचे

✦ Artesian wells – बिना pump के पानी निकलता है

✦ यही कारण है कि तराई के किसान सिंचाई पर खर्च नहीं करते

✦ गन्ना, धान, गेहूँ – तीनों फसलें यहाँ उगती हैं

✦ पीलीभीत की प्रति हेक्टेयर उत्पादकता UP में सर्वाधिक में से एक

✦ इसी भूजल से जन्मी है – गोमती नदी

यही कारण है कि तराई के किसान समृद्ध हैं।

उन्हें सिंचाई के लिए कुछ खर्च नहीं करना पड़ता। ज़मीन के नीचे पानी है – बस नल खोलो।

गन्ने के विशाल खेत। धान के लहलहाते पौधे। गेहूँ की सुनहरी बालियाँ।

यही है तराई।

**और इसी तराई की धरती से – एक दिन – गोमती नदी फूट पड़ी।**

## 1947 – और वे सिख जो जंगल काटकर किसान बन गए

तराई की इस समृद्धि की कहानी में –

एक और अध्याय है। जो विभाजन के दर्द से शुरू होता है।

1947। भारत-पाकिस्तान विभाजन।

लाखों सिख परिवार पश्चिमी पंजाब – जो अब पाकिस्तान बन गया था – से उजड़ कर आए। अपनी ज़मीन छोड़कर। अपना घर छोड़कर। सब कुछ छोड़कर।

उन्हें कहाँ बसाया जाए?

सरकार के सामने यह सबसे बड़ी चुनौती थी।

तब किसी ने सुझाव दिया – तराई।

वह तराई – जो घने जंगलों से ढकी थी। जहाँ मलेरिया का खतरा था। जहाँ बाघ और हाथी थे। जहाँ कोई रहना नहीं चाहता था।

> *जितनी दूर तक तुम्हारी आँखें देख सकें –*
>
> *उतनी ज़मीन तुम्हारी।*
>
> *पर खेती करनी होगी।*

यही प्रस्ताव था।

और एक और कहानी भी सुनी है – बचपन में। अपने कानों से।

कि सुबह एक घोड़ा लेकर निकल जाओ – और जितनी दूर तक जा सको – उतनी ज़मीन तुम्हारी।

सिख – जो आदत से मेहनती थे। शरीर से हष्ट-पुष्ट थे। निर्भीक थे।

वे तराई में आए।

**सिख बस्तियाँ – तराई में**

✦ 1952 में पहली सिख बस्ती – पंजाब के शरणार्थियों को प्रति परिवार 12 एकड़ ज़मीन

✦ शर्त – जिनके पास पश्चिम पंजाब में ज़मीन थी – केवल उन्हें मिली

✦ 1951 से 1961 के बीच UP में सिख आबादी 43.58% बढ़ी

✦ 1,97,612 से बढ़कर 2,83,737

✦ पूरनपुर – पीलीभीत – आज 'Mini Punjab' कहलाता है

✦ तराई की यह पट्टी – सहारनपुर से कुशीनगर तक – सिखों का नया घर बनी

जंगल काटे। ज़मीन साफ़ की। घर बनाए।

और फिर – उस ज़मीन को – जो कभी जंगल था – उपजाऊ खेत में बदल दिया।

आज पीलीभीत और पूरनपुर में बड़े-बड़े farms हैं।

छोटी-छोटी खेती का रकबा नहीं। विशाल farms। हज़ारों एकड़ में।

यही है सिखों की मेहनत का नतीजा।

और यही है तराई की समृद्धि का एक बड़ा कारण।

जब पूरनपुर से राजा वेणु किले की तरफ जाते हुए – चारों तरफ गन्ने और मक्के के वे विशाल खेत देखे – तो मन में यही विचार आया था।

**यही असली भारत है। एक कृषि प्रधान देश।**

और उस कृषि की रीढ़ है – तराई का भूजल।

और उस भूजल की आत्मा है – गोमती।

## गोमती – वह नदी जो पहाड़ से नहीं उतरी

---

भारत की अधिकतर बड़ी नदियाँ हिमालय से उतरती हैं।

गंगा – गंगोत्री से। यमुना – यमुनोत्री से। सरयू – Himalayan glaciers से। शारदा – कुमाऊँ पर्वत से।

ये सब glacial rivers हैं – बर्फ के पिघलने से जन्मी।

पर गोमती –

**गोमती किसी पहाड़ से नहीं उतरी।**

**गोमती पीलीभीत की धरती से जन्मी है।**

**गोमती – एकमात्र भूजल-जन्मा नदी**

✦ उद्‌गम: फुलहर झील (Gomat Taal) – मधोटांडा गाँव, पीलीभीत

✦ पीलीभीत शहर से दूरी: लगभग 30 किमी पूर्व

✦ ऊँचाई: 185 मीटर (sea level से)

✦ Source: Groundwater springs – भूजल के झरने

✦ यह glacial river नहीं है – बर्फ नहीं पिघलती यहाँ

✦ Scientific classification: 'Groundwater-fed alluvial river'

✦ कुल लंबाई: 940-960 किमी – पूरी तरह UP में

✦ 23 सहायक नदियाँ – Sai River सबसे बड़ी

✦ Lucknow, Ghazipur सहित 13 जिलों से गुज़रती है

✦ Ganga में मिलती है: Kaithi, Ghazipur – Varanasi के पास

यह क्यों महत्वपूर्ण है?

क्योंकि glacial rivers का अस्तित्व Himalayan glaciers पर निर्भर है।

जब glacier कम होगा – नदी कम होगी।

पर groundwater-fed नदी – वह लाखों सालों के भूजल भंडार से जन्मी है।

यानी – गोमती का इतिहास – Himalayan glaciers से भी पुराना हो सकता है।

यही वह बात थी जो DM साहब ने कही थी – 4 जून 2026 को।

***"गोमती नदी गंगा से भी पुरानी है।"***

और वे गलत नहीं थे।

Geological studies यही कहते हैं – groundwater-fed rivers लाखों वर्ष पुरानी हो सकती हैं।

गंगा glacial origin की है – अपेक्षाकृत नई।

**गोमती – धरती की उम्र जितनी पुरानी।**

– ✦ –

## फुलहर झील – जहाँ गोमती का जन्म होता है

---

पीलीभीत से लगभग 30 किलोमीटर पूर्व – मधोटांडा गाँव के पास एक झील है।

नाम है – **फुलहर झील।** या Gomat Taal। या Pangaiti Phulhar Tal।

यह झील पीलीभीत Tiger Reserve की सीमा पर है।

34 वर्ग किलोमीटर में फैली हुई। कभी न जमने वाली। कभी न सूखने वाली।

और इसी झील से – एक छोटी-सी जलधारा निकलती है।

वह जलधारा – आगे चलकर – गोमती नदी बन जाती है।

वही गोमती जो लखनऊ से होकर गुज़रती है। जिसके किनारे Hazratganj है। जिसके किनारे Lucknow की शान है।

वही गोमती – जो Varanasi के पास गंगा में मिलती है – 940 किलोमीटर की यात्रा के बाद।

और वह सब शुरू होता है – पीलीभीत की उस छोटी-सी झील से।

फुलहर झील – तथ्य

- ✦ स्थान: मधोटांडा, पीलीभीत – Tiger Reserve की सीमा पर
- ✦ Coordinates: 28°36′44.78″N 80°6′59.28″E
- ✦ क्षेत्रफल: 34.32 वर्ग किमी
- ✦ अधिकतम लंबाई: 4.5 किमी
- ✦ Source: Monsoon + Groundwater springs
- ✦ कभी नहीं जमती – कभी नहीं सूखती
- ✦ गोमती का उद्गम स्थल – officially confirmed
- ✦ DM पीलीभीत द्वारा Gomti Revival Project – इसी झील को develop करना

पर एक दुखद सच यह भी है –

जब कुछ शोधकर्ता फुलहर झील से गोमती का उद्गम trace करने निकले – तो उन्हें पाया कि फुलहर झील से लगभग 50 किलोमीटर आगे – नदी गायब हो गई थी।

वहाँ केवल खेत थे। गन्ने के खेत। जो कभी नदी का पाट था – वहाँ किसानों ने ज़मीन ले ली थी।

यानी –

**गोमती पीलीभीत में ही – अपने उद्गम के पास ही – मर रही है।**

यह सोचकर दिल भारी हो गया।

जो नदी गंगा से पुरानी है – जो लाखों साल से बह रही है – उसे हम अपने जीवनकाल में ही नष्ट कर रहे हैं।

— ✦ -

## DM साहब और Gomti Revival Project

4 जून 2026 को – जब DM साहब से मिला था –

उन्होंने बलाई खेड़ा की बात सुनने के बाद एक और बात बताई थी।

उन्होंने कहा था –

> *"जानते हैं – गोमती नदी का उद्गम स्थल पीलीभीत ही है।*
>
> *वो गोमती नदी जो किसी पर्वत से नहीं निकली –*
>
> *वो पीलीभीत की धरती से निकली है।*
>
> *और वो गोमती – गंगा से भी पुरानी है।*

*उस स्थल को हम विकसित कर रहे हैं।"*

यह सुनकर एक पल के लिए सब ठहर गया था।

Gomti Revival Project – DM साहब ने बताया – फुलहर झील को एक पर्यटन और तीर्थ स्थल के रूप में develop किया जा रहा है।

नदी को उसका पुराना प्रवाह वापस देने की कोशिश।

खेतों में घुसी हुई नदी को वापस उसके पाट में लाने की कोशिश।

यह एक सराहनीय प्रयास है।पर इससे भी बड़ा सवाल है –

**क्या गोमती के साथ – सरस्वती भी मिल सकती है?**

**सरस्वती – वह नदी जो खो गई**

यह एक dream है। एक संभावना।

पर एक ऐसी संभावना – जिसे science भी अब नकार नहीं रही।

सरस्वती नदी – जिसका वर्णन ऋग्वेद में है। जिसे 'सप्त सैंधव' की सात नदियों में से एक कहा गया है।

जो हज़ारों साल पहले – इसी Gangetic plain में बहती थी। और फिर – किसी भूगर्भीय परिवर्तन के कारण – ज़मीन के अंदर समा गई।

सदियों से लोग कहते रहे – यह केवल कहानी है। कोई नदी नहीं है।

पर 2021 में –

**CSIR-NGRI की खोज – 2021 और 2026**

✦ CSIR-National Geophysical Research Institute, Hyderabad

✦ Advanced H-TEM (Helicopter-borne Time-domain Electromagnetic) survey

✦ Prayagraj-Kanpur के बीच – ज़मीन के 10-15 मीटर नीचे –

200 किमी लंबा buried palaeo-river channel मिला

✦ यह Ganga और Yamuna से अलग – एक स्वतंत्र river system

✦ Width: Ganga के बराबर। Depth: 10-15 मीटर।

✦ वैज्ञानिकों ने सावधानी बरती – officially 'Saraswati' नहीं कहा

पर geographical alignment Vedic descriptions से मेल खाती है

✦ May 2026 में नई report – CSIR confirms 200 km underground channel

यानी जो नदी हज़ारों साल से 'खोई' मानी जाती थी

**वह ज़मीन के नीचे – आज भी बह रही है।**

और अगर यह सरस्वती है –

तो वह Ganga और Yamuna से मिलकर Prayagraj में जो Triveni Sangam है – वह सच में तीन नदियों का संगम है।

धर्म और विज्ञान – दोनों एक ही बात कह रहे हैं।

– ✦ –

## वह सपना – सरस्वती और गोमती

DM साहब के Gomti Revival Project को देखते हुए मन में एक विचार आया।

अगर Prayagraj में ज़मीन के 10-15 मीटर नीचे एक पुरानी नदी मिल सकती है –

तो पीलीभीत में – जहाँ भूजल स्तर ज़मीन से केवल 2-5 मीटर नीचे है – वहाँ क्या नहीं मिल सकता?

तराई का यह भूजल – जो गोमती को जन्म देता है क्या यह किसी प्राचीन नदी का भूमिगत प्रवाह है?

क्या गोमती के उद्‌गम के आसपास – फुलहर झील के पास – कोई पुरानी नदी का पाट छुपा हुआ है?

क्या DM साहब के Gomti Revival Project के साथ-साथ – एक Geological survey भी हो सकता है?

जो कोई नहीं जानता – वह शायद पीलीभीत की ज़मीन के नीचे है।

> *कौन जाने –*
>
> *कि सरकार और DM साहब पीलीभीत के प्रयास से –*
>
> *गोमती नदी के साथ-साथ –*
>
> *विलुप्त हुई सरस्वती नदी भी मिल जाए।*

यह केवल एक dream नहीं है।

यह एक वैज्ञानिक संभावना है।

—✦—

## गोमती – महाभारत की नदी

---

गोमती केवल एक नदी नहीं है।

महाभारत के Vana Parva में – जहाँ पांडवों के वनवास का वर्णन है – गोमती का उल्लेख आता है।

पांडव काम्यक वन में थे – और काम्यक वन के पास बहती थी – गोमती।

यानी – जब द्रौपदी ने इसी तराई में कृष्ण को पुकारा था – तब गोमती पास में बह रही थी।

जब जयद्रथ ने द्रौपदी का अपहरण किया था – तब इसी नदी के किनारे भीम दौड़े होंगे।

और पुराणों में गोमती का धार्मिक महत्व –

**गोमती – पौराणिक महत्व**

✦ महाभारत: Vana Parva में काम्यक वन के पास उल्लेख

✦ पुराण: 'गोमती नदी ऋषि वशिष्ठ की पुत्री है'

✦ एकादशी पर गोमती में स्नान = सभी पापों से मुक्ति

✦ सूर्य ग्रहण पर गोमती स्नान = गंगा स्नान के समान

✦ Markandey Mahadev Temple – गोमती और गंगा के संगम पर

✦ गोमती नदी में मिलते हैं 23 सहायक पवित्र नदियाँ

यह संयोग नहीं है।

जो नदी महाभारत काल में पवित्र थी – वही नदी आज भी पवित्र है।

जो नदी 3,500 साल पहले पांडवों के आश्रम के पास बहती थी – वही नदी आज पीलीभीत Tiger Reserve की सीमा पर बहती है।

और इस नदी का उद्‌गम – एक छोटी-सी झील में – पीलीभीत की धरती पर है।

— ✦ —

## पीलीभीत – गोमती की जन्मभूमि

जब भी लखनऊ में गोमती किनारे टहलते हैं .

या जब भी Ghazipur में गोमती और गंगा का संगम देखते हैं तो याद रखें यह नदी – जो आपके शहर से होकर गुज़री – जिसने आपके पूर्वजों को पानी दिया – जिसने उत्तर प्रदेश की सभ्यता को सींचा –

**वह पीलीभीत की उस छोटी-सी झील से जन्मी है।**

पहाड़ से नहीं। ग्लेशियर से नहीं।

पीलीभीत की धरती से।

उसी धरती से – जहाँ महाभारत के पात्रों ने अपने वनवास के वर्ष बिताए।

उसी धरती से – जहाँ बलाई खेड़ा के टीलों में 2,500 साल पुरानी सभ्यता दफ़न है।

उसी धरती से – जहाँ के सिखों ने जंगल काटकर सोना उगाया।

उसी धरती से – जहाँ 4 इंच का एक पाइप गड़ाओ – और पानी खुद बाहर आ जाता है।

*पीलीभीत –*

*न केवल बाँसुरी और बाघों का शहर।*

*न केवल महाभारत की धरती।*

*पीलीभीत – गोमती की माँ है।*

*और गोमती – लाखों उत्तर प्रदेशवासियों की जीवन-रेखा।*

— ✦ —

अध्याय ५

# जब ज्ञान मर जाता है

*सभ्यताओं के पतन की वह अनकही कहानी – और बलाई खेड़ा का सत्य*

## वह सवाल जो बलाई खेड़ा के टीले ने उठाया

---

बलाई खेड़ा के उस कटे हुए टीले के सामने खड़े होकर –

जब उन परतों को देखा – एक के ऊपर एक – अलग-अलग सभ्यताओं की –

मन में एक सवाल उठा था।

यहाँ जो लोग रहते थे – जो इन दीवारों में रहते थे – जो इन मृद्भांडों में खाना रखते थे – जो उन हड्डियों में थे – वे कहाँ गए?

और जो जानते थे – वे भूल कैसे गए?

और जो बना था – वह मिट्टी में कैसे दब गया?

**यह हर उस सभ्यता का सवाल है – जो कभी महान थी – और आज टीला बन गई।**

## सभ्यताएँ अचानक नहीं मरतीं

---

यह सबसे बड़ी गलतफहमी है।

**सभ्यताएँ धीरे-धीरे मरती हैं। दशकों में। सदियों में।**

जैसे कोई पुराना पेड़ – पहले अंदर से खोखला होता है। फिर एक तूफान आता है – और वह गिर जाता है। पर असली कारण वह तूफान नहीं था। असली कारण – वह खोखलापन था – जो सालों से बढ़ रहा था।

Researchers ने पाया है कि Indus Valley Civilization पर 4,400 से 3,400 साल पहले – चार बार – 85 साल से अधिक लंबे सूखे पड़े। हर बार 10-20% कम बारिश। नदियाँ सिकुड़ीं। खेती मरी। लोग पूर्व की तरफ – Ganga के मैदान की तरफ – चले गए।

**बस पानी चला गया। और पानी के साथ – सभ्यता चली गई।**

## जब सभ्यता जाती है – तो उसका ज्ञान भी जाता है

यह सबसे महत्वपूर्ण और सबसे दर्दनाक सच है।

जब कोई सभ्यता पलायन करती है –

तो वह केवल घर नहीं छोड़ती। वह केवल ज़मीन नहीं छोड़ती।

जब ज्ञान मर जाता है

**वह अपनी सदियों की accumulated knowledge भी छोड़ जाती है।**

यह एक step-by-step process है –

**ज्ञान के क्षरण की प्रक्रिया – Step by Step**

STEP 1 – पलायन:

लोग जाते हैं। घर छोड़ते हैं।

पर अपना ज्ञान साथ ले जाते हैं – अपने दिमाग में।

STEP 2 – ज्ञान का बँटवारा:

कोई एक इंसान सारा ज्ञान नहीं जानता।

कुम्हार को pottery पता है – पर metallurgy नहीं।

Astronomer को stars पता हैं – पर surgery नहीं।

जब community बिखरती है – ज्ञान भी बिखर जाता है।

STEP 3 – Oral tradition:

जो libraries में था – वह जला या सड़ा।

जो बचा – वह मुँह से मुँह तक चला।

पर हर पीढ़ी में कुछ detail खोती है।

STEP 4 – Simplification:

Complex technical knowledge → Simple story बन जाती है।

'Brahmastra – एक divine weapon था'

(Technical details खो जाती हैं – story बचती है)

STEP 5 – Mythology:

Story → Legend बन जाती है।

Legend → Myth बन जाती है।

Myth → Religion बन जाती है।

STEP 6 – Forgetting:

अंतिम practitioner मर जाता है।

उसके साथ – वह ज्ञान भी मर जाता है।

हमेशा के लिए।

**यही हुआ NBPW pottery की tri-layer firing के साथ।**

**यही हुआ Damascus Steel के साथ।**

**यही हुआ Roman Concrete के साथ।**

**यही हुआ Greek Fire के साथ।**

और यही हो रहा है बलाई खेड़ा के साथ – अभी – इस समय।

जो मिट्टी NHAI की JCB ने काटी – उसमें जो pottery थी – जो walls थीं – जो evidence था –

**वह ज्ञान हमेशा के लिए खो गया।**

– ✦ –

**याद से किंवदंती – एक सभ्यता का सफर**

---

और जब लोग पलायन करते थे – तो अपने बच्चों को बताते थे।

ज़रूर बताते थे।

**याद से भूलने तक – पीढ़ी दर पीढ़ी**

पहली पीढ़ी: 'हम वहाँ रहते थे। वहाँ हमारा महल था।'

'हम NBPW pottery बनाते थे – tri-layer firing से।'

दूसरी पीढ़ी: 'हमारे दादा ने बताया – वहाँ एक बड़ा शहर था।'

'कुछ खास तरीके से बर्तन बनाते थे।'

तीसरी पीढ़ी: 'कहते हैं कि वहाँ एक राजा रहता था।'

'बर्तन बनाना? हाँ – कुछ पुराना तरीका था।'

पाँचवीं पीढ़ी: 'उस गाँव में कोई पुरानी चीज़ है।'

'pottery का तरीका? नहीं पता।'

दसवीं पीढ़ी: 'वहाँ एक दैत्य रहता था – बलाई नाम का।'

Pottery technique – completely forgotten

बीसवीं पीढ़ी: 'वहाँ पुराने ज़माने की कोई चीज़ है।'

तीसवीं पीढ़ी: 'मिट्टी में क्या मिलेगा।'

यही हुआ बलाई खेड़ा के साथ।

Nevill ने 1909 में लिखा था – Balai एक 'well known daitya' का नाम है। जो कभी राजा था – वह legend में daitya बन गया।

**सच – किंवदंती बनकर ही बचता है।**

महाभारत की घटनाएँ – जो पीलीभीत में हुईं – वे पहले इतिहास थीं। फिर कथा बनीं। फिर पुराण बनीं। फिर धर्म बन गईं।

**धर्म ने वह बचाया – जो इतिहास नहीं बचा सका।**

## 1193 CE – वह रात जब भारत का ज्ञान जला

---

और कभी-कभी – पलायन की भी ज़रूरत नहीं होती।

कभी-कभी ज्ञान को जानबूझकर नष्ट किया जाता है।

1193 CE। Bakhtiyar Khilji – Nalanda पहुँचा।

**नालंदा विश्वविद्यालय – वह जो था**

✦ स्थापना: 5th century CE – Gupta काल में

✦ छात्र: 10,000 से अधिक – 70 देशों से

✦ Faculties: Astronomy, Mathematics, Medicine,
Philosophy, Grammar, Logic, Architecture

✦ Library: तीन विशाल buildings –
'Ratnasagara' (Ocean of Gems)',
'Ratnadadhi', 'Ratnaranjaka'

✦ Manuscripts: 9 million से अधिक

✦ Aryabhata ने यहीं काम किया – Khagola Observatory में

- ✦ Chinese scholar Xuanzang यहाँ 5 साल रहे
- ✦ दुनिया में इससे बड़ा knowledge centre नहीं था

उस रात – खिलजी के सैनिकों ने आग लगा दी।

**तीन महीने तक जलती रहीं वे 9 million manuscripts।**

तीन महीने।

उस आग में क्या गया:

Aryabhata की astronomical calculations जलीं। Charaka की medicine जली। Sushruta की surgery जली। Mathematics जली। Architecture जली। Astronomy जली।

और उन सब कुम्हारों का – उन सब metallurgists का – उन सब astronomers का ज्ञान –

जो Nalanda में documented था –

**वह भी उसी आग में राख हो गया।**

**भारत 500 साल पीछे चला गया – एक रात में।**

— ✦ —

**दुनिया की lost technologies – जो आज भी mystery हैं**

✦ Greek Fire (Byzantine Empire, 7th century CE):

पानी में भी जलने वाला हथियार।

Formula – केवल कुछ families को पता था।

वे मरे – formula भी मर गया।

आज तक recreate नहीं हो पाया।

✦ Roman Concrete:

2,000 साल से खड़ा – आज का concrete 50 साल में टूटता है।

Pozzolanic ash + seawater reaction से बनता था।

समुद्र के पानी में और मज़बूत होता था।

Recently partially rediscovered – 2023 में।

✦ Damascus Steel (Wootz Steel):

Carbon nanotubes naturally present – 2,000 साल पहले।

किसी भी conventional steel से superior।

18th century में last practitioner मरा – formula गया।

Modern labs अभी तक exact replica नहीं बना पाए।

✦ Antikythera Mechanism (Greece, 150 BCE):

2,000 साल पुराना analog computer।

Eclipse और planetary positions predict करता था।

82 fragments – bronze gears – incredible precision।

ऐसी complexity की device – 1,000 साल बाद यूरोप में बनी।

इसे बनाने वाला कौन था? कहाँ सीखा?

उस knowledge का कोई record नहीं।

✦ Delhi का Iron Pillar:

1,600 साल से rust-free खड़ा है।

98% pure iron – rare phosphorus content।

आज की metallurgy fully explain नहीं कर पाई।

जो बनाने वाले थे – वे अपना secret लेकर गए।

✦ Stradivarius Violin (Italy, 1700s):

Antonio Stradivari की violins – unique sound।

Modern instruments – identical materials – पर वह sound नहीं।

उनका secret – उनके साथ मर गया।

✦ Egyptian Obelisks:

328 ton के पत्थर – कैसे उठाए – unknown।

Cleopatra's Needle – single 244 ton block।

19th century में इसे Egypt से London ले जाने में –

आधुनिक engineering को months लगे।

Ancient Egyptians ने कैसे किया? Unknown।

✦ NBPW – Northern Black Polished Ware:

500 BCE – tri-layer sandwich firing।

वह metallic black sheen – आज replicate नहीं होती।

बलाई खेड़ा में यही pottery मिली थी।

उन कुम्हारों का ज्ञान – उनके साथ गया।

**हर खोई technology के पीछे – एक खोई सभ्यता है।**

**हर खोई सभ्यता के पीछे – एक अनकही कहानी है।**

– ✦ –

**Antikythera – 2,000 साल पुराना computer**

---

1901 में – ग्रीस के तट पर एक डूबे हुए जहाज़ में – एक corroded bronze का टुकड़ा मिला।

पहले किसी ने ध्यान नहीं दिया।

70 साल बाद – X-ray से देखा गया – तो अंदर दर्जनों interlocking gears थे।

यह 150 BCE का था।

**2,000 साल पुराना analog computer।**

यह predict करता था – Solar और Lunar eclipses। Olympic Games की dates। Planets की positions। Moon की phases। यहाँ तक कि Venus का 8-year cycle।

ऐसी complexity की device – यूरोप में 1,000 साल बाद बनी।

और वह device बनाने वाला – कौन था? कहाँ था? उसने यह ज्ञान कहाँ से सीखा?

**कोई नहीं जानता। वह ज्ञान – उस डूबे हुए जहाज़ के साथ डूब गया।**

## शून्य – वह अंक जिसने दुनिया बदल दी

पर सब ज्ञान नहीं खोया।

कुछ ज्ञान इसलिए बचा – क्योंकि वह इतना fundamental था – इतने लोगों में फैला था – कि उसे जलाया नहीं जा सका।

उनमें सबसे महत्वपूर्ण है – **शून्य।**

यह एक popular misconception है कि Aryabhata ने शून्य खोजा। सच यह है –

**शून्य की खोज – सही इतिहास**

✦ Aryabhata (476-550 CE):

Decimal system में zero को placeholder use किया

Foundation रखी – पर formally define नहीं किया

✦ Brahmagupta (598-668 CE):

Brahmasphutasiddhanta (628 CE) में –

पहली बार zero को एक NUMBER define किया

Rules: $n + 0 = n$, $n \times 0 = 0$, $n - n = 0$

Gwalior के Chaturbhuj Temple में written evidence

✦ शून्य के बिना:

आज का computer नहीं होता

Internet नहीं होता

Space exploration नहीं होती

Binary code – 0 और 1 – यही शून्य का उपहार

- ✦ असली inventor: Brahmagupta
- ✦ Foundation: Aryabhata

— ✦ —

## आर्यभट – 0.009 seconds की accuracy

476 CE। Nalanda के Khagola Observatory में।

एक astronomer – अपनी book लिख रहा था – Aryabhatiya।

**Aryabhata की discoveries – बिना telescope के**

- ✦ पृथ्वी अपनी axis पर घूमती है

  (Europe ने 1,000 साल बाद माना)

- ✦ पृथ्वी की परिधि: 39,968 km

Modern: 40,075 km – फ़र्क: 0.26%

- पृथ्वी का rotation time:

  Aryabhata: 23 hr 56 min 4.1 sec

  Modern: 23 hr 56 min 4.091 sec

  फ़र्क: केवल 0.009 seconds – 1,500 साल पहले!

- Pi: 3.1416
- Sine tables – trigonometry की नींव
- Eclipses की prediction
- चाँद और ग्रह – reflected light से चमकते हैं

बिना telescope के। बिना modern instruments के।

केवल – एक vertical stick। Eclipse की observation। और Nalanda में रखी centuries of astronomical data।

**0.009 seconds की accuracy – 1,500 साल पहले।**

जब Nalanda जला – तो वह data भी जला। वह ज्ञान भी जला।

Aryabhata की book बची – क्योंकि copies थीं।

**पर वे 9 million manuscripts – जो बची नहीं – उनमें क्या था? हम कभी नहीं जानेंगे।**

– ✦ –

## हनुमान चालीसा – और सूर्य की दूरी

और यही है उस ज्ञान का सबसे बड़ा रहस्य।

जो libraries में था – वह जला।

जो oral tradition में था – वह भूल गया।

पर जो भजन में था – जो प्रार्थना में था –

**वह आज भी बचा है।**

16th century में – गोस्वामी तुलसीदास ने हनुमान चालीसा लिखी।

उसमें एक चौपाई है –

> *"जुग सहस्त्र योजन पर भानु –*
> *लील्यो ताहि मधुर फल जानू।"*
> *– हनुमान चालीसा*

**हनुमान चालीसा में सूर्य की दूरी – Calculation**

Vedic measurements:

1 जुग = 12,000

1 सहस्त्र = 1,000

1 योजन = 8 miles

12,000 × 1,000 × 8 = 96,000,000 miles

96,000,000 × 1.6 = 153,600,000 km

Modern Science:

Average distance = 149 million km

Minimum (January) = 147 million km

Maximum (July) = 152 million km

फ़र्क: केवल 3%

1672 में – Tulsidas के लगभग 100 साल बाद –

Jean Richer और Cassini ने scientifically measure किया:

उन्हें मिला: 140 million km

यानी Tulsidas – 17th century European scientists से
ज़्यादा accurate थे।

**एक भक्ति की चौपाई – जो astronomy का सत्य छुपाए बैठी थी।**

जब शासक बदले। जब libraries जलीं। जब विश्वविद्यालय नष्ट हुए।

पर जो भजन में था – वह बचा रहा।

**धर्म ने वह बचाया – जो इतिहास नहीं बचा सका।**

## अनसुलझे रहस्य – वे प्रमाण जो सोने नहीं देते

एक disclaimer के साथ –

यह section proved नहीं है। Scientific community इन्हें theory मानती है।

पर इन्हें dismiss भी नहीं किया जा सकता। क्योंकि –

**जो questions हैं – वे genuine हैं। जो evidence है – वह real है।**

## महाभारत में nuclear war का वर्णन

> *"एक projectile – जो Universe की सारी शक्ति से charged था –*
>
> *एक incandescent column of smoke and flame –*
>
> *जो 10,000 सूर्यों जितना चमकीला था।"*
>
> *"वह iron thunderbolt –*
>
> *जिसने एक पूरी race को भस्म कर दिया।*
>
> *सैनिकों ने खुद को नदी में फेंक दिया।*
>
> *भोजन contaminated हो गया।*
>
> *बचे हुए लोगों के बाल और नाखून झड़ने लगे।"*

जब ज्ञान मर जाता है

*– महाभारत, Drona Parva*

**महाभारत और Nuclear blast – तुलना**

महाभारत का वर्णन → Nuclear blast effect

---

'10,000 suns जितनी रोशनी' → Nuclear flash

'Incandescent column' → Mushroom cloud

'सैनिक नदी में कूदे' → Hiroshima survivors ने भी यही किया

'भोजन contaminated' → Nuclear fallout

'बाल और नाखून झड़े' → Acute Radiation Syndrome

'ज़मीन 12 साल बंजर' → Nuclear winter

'आने वाली पीढ़ियों में defects' → Genetic radiation damage

Oppenheimer – जिन्होंने पहला nuclear bomb बनाया – वे Mahabharata पढ़ते थे।

Trinity test के बाद जब पूछा – क्या यह दुनिया का पहला nuclear explosion था?

*"In modern times – yes."*

*"But in ancient times – I am not so sure."*

**वह आदमी – जिसने nuclear bomb बनाया – 'not so sure' था।**

– ✦ –

**Mohenjo-daro – Technical Evidence**

---

**David Davenport की findings – 12 साल की research**

✦ EPICENTER:

City के बीच में 50-yard (45 मीटर) wide zone जहाँ सब कुछ crystallized, fused, या melted

✦ TEMPERATURE:

Objects 1,500°C पर fused – sudden cooling के साथ

यह किसी conventional fire से possible नहीं

(Wood fire max: 1,000°C)

✦ DIRECTIONAL DAMAGE:

Epicenter से 60 yards दूर की ईंटें

केवल epicenter की तरफ से melted

→ Directional blast का evidence

✦ ITALIAN LAB – CNR:

Consiglio Nazionale delle Ricerche ने

vitrified samples analyze किए

Result: 'Unnatural degree of heat – source unknown'

✦ SKELETONS:

44 skeletons – face down, holding hands

Unburied – जैसे अचानक मरे

Bones में calcination – extreme heat

✦ SKEPTICS का जवाब:

'Epicenter = ancient pottery kiln dump'

'Mud-brick walls 15 feet ऊँची अभी भी हैं – nuclear blast में यह नहीं बचतीं'

'Radioactivity – कोई peer-reviewed proof नहीं'

**दोनों sides के arguments मज़बूत हैं।**

**सच – अभी तक unknown है।**

## Jodhpur – वह housing project जो cancel हुआ

---

**Jodhpur Radioactive Zone – Technical Details**

✦ Location: Jodhpur से 16 किलोमीटर पश्चिम

✦ Area: 3 square miles – circular pattern

✦ जो मिला: ज़मीन के नीचे radioactive dust और ash

✦ Health effects: Birth defects और cancer – above normal

✦ Government response: Area cordon off

✦ Housing project: Cancel

✦ 2016: DRDO ने Jodhpur में drone-mounted radioactivity sensor lab बनाई

✦ Estimated age: 8,000 से 12,000 साल

✦ Researcher estimate: Hiroshima-size device

Note: Story widely circulated है –
पर independent scientific verification की कमी है।

## Libyan Desert Glass – रेगिस्तान जब पिघला था

**Libyan Desert Glass – Technical Details**

✦ Location: Egypt-Libya border – Great Sand Sea

✦ Area: 2,500 square kilometers में scattered

✦ Age: 28-29 million years (fission-track dating)

✦ Composition:

96.5-99% pure $SiO_2$ (silica)

Cristobalite crystals – extreme temperature indicator

Zircon → Zirconia conversion – very high heat

✦ Formation temperature: 1,600°C से अधिक

पृथ्वी की किसी भी natural process से अधिक

Volcano: maximum 1,200°C

- **Nuclear comparison:**

  Trinity Test (1945) glass = Trinitite

  'Libyan Desert Glass और Trinitite –

  composition में significantly similar'

- **Tutankhamun connection:**

  Pharaoh के scarab pendant में

  Libyan Desert Glass का piece था

  Ancient Egyptians इसे valuable मानते थे

- **Current consensus:**

  100-megaton airburst – 200× Chelyabinsk 2013

  Definitive proof अभी तक नहीं

## Sigiriya – रावण का महल और पुष्पक विमान

**Sigiriya – वे mysteries जो अभी unsolved हैं**

✦ Height: 200 metres (660 feet) – monolithic granite rock

✦ Top: Flat – जैसे giant knife से काटा हो

✦ Officially: King Kashyapa I, 5th century AD

✦ Discovered: Jonathan Forbes (English), 1831

1,800 साल तक – locals को भी नहीं पता था

✦ MYSTERY 1 – 3 Million Bricks:

Top पर at least 3 million bricks

Rock पर clay नहीं – ground से लानी थीं

कोई ancient stairs नहीं थीं ground से top तक

बिना stairs के 3 million bricks कैसे ऊपर?

✦ MYSTERY 2 – Marble Blocks:

Top पर marble – naturally not available यहाँ

प्रत्येक block: 20-30 kg

Thousands of blocks – कहाँ से, कैसे?

✦ MYSTERY 3 – Water Tank:

Dimensions: 90 × 68 × 7 feet

3,500 tons of granite remove करके बनाया. गर्मी में नहीं सूखता – monsoon में overflow नहीं

1,500 साल बाद भी काम करती है

✦ MYSTERY 4 – No food source:

Top पर कोई पेड़ नहीं – कोई फसल नहीं

Hundreds of workers काम करते – भोजन कैसे?

✦ Ravana connection:

Ramayana में रावण का महल – 'inaccessible fortress'

पुष्पक विमान – रावण के पास था

अगर stairs नहीं थीं – तो कैसे पहुँचते थे?

**अगर Sigiriya रावण का महल था –**

**और वहाँ conventional stairs नहीं थीं –**

**तो पुष्पक विमान ही वह तरीका था?**

यह theory है। Proof नहीं।

पर सवाल genuine है।

— ✦ —

**Vitrified Forts – दुनिया भर में**

---

**Vitrified Forts – India, Scotland, France, Turkey, Ireland**

✦ SCOTLAND – 30+ vitrified forts:

Tap O'Noth, Dunnideer – walls crystallized

Temperature required: 1,200°C से अधिक

Wood fire: max 800-1,000°C

→ Conventional fire से possible नहीं

✦ INDIA – Rajasthan:

Stone fort walls fused

✦ FRANCE – Sainte Suzanne

✦ TURKEY – Multiple sites

✦ IRELAND – Knocknagael

- ✦ Common factor:

  अलग-अलग cultures, अलग-अलग centuries

  पर same phenomenon

  एक ही explanation – extreme heat

  पर source – unknown

**एक सबक – जो इतिहास देता है**

दुनिया भर में civilizations गिरी हैं।

ज्ञान खोया है।

Technologies खो गई हैं।

पर जो ज्ञान बचा – वह इसलिए बचा क्योंकि किसी ने उसे बचाने की कोशिश की।

Aryabhata ने Aryabhatiya लिखी।

Brahmagupta ने Brahmasphutasiddhanta लिखी।

Tulsidas ने हनुमान चालीसा लिखी।

Xuanzang – Nalanda की manuscripts China ले गए।

और आज –

और ASI की team – बलाई खेड़ा पहुँची।

> *हर ज्ञान को बचाने के लिए –*
>
> *एक Aryabhata चाहिए।*
>
> *एक Brahmagupta चाहिए।*
>
> *एक Tulsidas चाहिए।*
>
> *एक व्यक्ति चाहिए*
>
> *जो बिना किसी purpose के –*
>
> *बस curious होकर –*
>
> *उस जगह पहुँच जाए –*
>
> *जहाँ कोई नहीं जाता।*
>
> *और जो देखे – उसे लिख दे।*
>
> *ताकि अगली पीढ़ी जान सके।*

– ✦ –

## अध्याय ६

# बलाई खेड़ा – मिट्टी जो बोलती है

*एक पुरातात्विक विश्लेषण – परत-दर-परत, ईंट-दर-ईंट*

पिछले अध्यायों में – बलाई खेड़ा की कहानी सुनाई।

वह सुबह। वह टीला। वह पहली ईंट। वह सिहरन।

पर अब समय है – कहानी से आगे बढ़ने का।

अब समय है – उन पुरावशेषों को ठीक से समझने का।

एक वकील का काम होता है – साक्ष्य को पढ़ना। तथ्यों को जोड़ना। और एक तर्क खड़ा करना – जो हर जाँच में टिक सके।

तो आइए – बलाई खेड़ा के साक्ष्यों को – एक वकील की निगाह से देखते हैं।

**हर ईंट एक गवाह है। हर टुकड़ा एक बयान है।**

— ✦ —

## स्थल का परिचय – भौगोलिक स्थिति

बलाई खेड़ा।

पीलीभीत नगर से लगभग नौ किलोमीटर पहले। जहानाबाद के निकट।

*चित्र १ – बलाई खेड़ा का विशाल टीला क्षेत्र – चार जून के भ्रमण के दौरान*

**बलाई खेड़ा – भौगोलिक तथ्य**

- स्थान: जमलापुर गाँव, जहानाबाद परगना, पीलीभीत
- पीलीभीत नगर से दूरी: लगभग नौ किलोमीटर
- टीले का घेरा: लगभग एक मील – गज़ेटियर अनुसार

- ✦ ऊँचाई: लगभग बीस फुट – आसपास की भूमि से
- ✦ आकार: चतुष्कोणीय – किलेबंदी का संकेत
- ✦ क्षेत्रफल: कई टीलों में फैला – दस वर्ग किलोमीटर तक

उन्नीस सौ नौ के गज़ेटियर में नेविल ने इसे ज़िले का सर्वाधिक महत्वपूर्ण पुरातात्विक स्थल बताया था।

एक सौ सत्रह साल – किसी ने ध्यान नहीं दिया।

**परत-दर-परत – स्तरीकरण का विज्ञान**

पुरातत्व में एक सिद्धांत है – जिसे स्तरीकरण कहते हैं।

हर सभ्यता – अपनी एक परत छोड़ जाती है। एक के ऊपर एक। जितना गहरा जाओ – उतना पुराना इतिहास।

जैसे किसी पुस्तक के पन्ने – सबसे ऊपर का पन्ना सबसे नया। सबसे नीचे का सबसे पुराना।

और बलाई खेड़ा के उस कटे हुए टीले में – वे परतें स्पष्ट दिख रही थीं।

*चित्र २ – टीले की कटी हुई दीवार – विभिन्न कालों की परतें स्पष्ट दिखाई देती हैं*

**बलाई खेड़ा – परतों का विश्लेषण**

सबसे ऊपरी परत:

अपेक्षाकृत नई ईंटें – मध्यकालीन – लगभग पाँच सौ साल पुरानी

दूसरी परत:

गुप्त काल की बड़ी ईंटें – तीन सौ से छह सौ ईस्वी

आकार: बीस गुणा तीस गुणा सात सेंटीमीटर

तीसरी परत:

धूसर मृदभांड और काली चमकदार मृदभांड कला

पाँच सौ ईसा पूर्व से एक सौ ईसा पूर्व – महाभारत काल के आसपास

सबसे निचली परत:

चित्रित धूसर मृदभांड के कुछ टुकड़े

संभावित काल: बारह सौ से पाँच सौ ईसा पूर्व

**एक टीले में – कम से कम चार से पाँच अलग-अलग सभ्यताओं के निशान।**

**तीन हज़ार साल का इतिहास – एक ही जगह।**

— ✦ —

**काली चमकदार मृदभांड कला – सबसे बड़ा प्रमाण**

---

जो pottery सबसे अधिक महत्वपूर्ण है – वह है काली चमकदार मृदभांड कला।

इसे पुरातत्व की भाषा में विशेष नाम से जाना जाता है – जो धात्विक चमक के लिए प्रसिद्ध है।

यह pottery – भारत के इतिहास में – एक विशेष युग की पहचान है।

*चित्र 3 – मिट्टी में बिखरे मृदभांड के टुकड़े – काली चमकदार कला सहित* फोटो: रजत बिन्दल

**काली चमकदार मृदभांड कला – तकनीकी विश्लेषण**

- काल निर्धारण: पाँच सौ से एक सौ ईसा पूर्व

✦ निर्माण तकनीक: तिहरी परत में पकाई गई – विशेष विधि

✦ विशेषता: धात्विक चमक – दर्पण जैसी सतह

✦ उपयोग: राजसी और संभ्रांत वर्ग के बर्तन – विलासिता की वस्तु

✦ वितरण क्षेत्र: गंगा का मैदान – विशेषकर पांचाल, कोशल,
मगध, वत्स महाजनपदों में

✦ अहिच्छत्र में: यही pottery बड़ी मात्रा में मिली है

✦ बलाई खेड़ा में: समान गुणवत्ता और तकनीक के टुकड़े मिले

जब अहिच्छत्र में यही pottery हाथ में ली थी – तो एक सिहरन हुई थी।

और जब बलाई खेड़ा में वही pottery हाथ में आई –

**तो समझ आया – यह दोनों एक ही सभ्यता के दो नगर थे।**

अहिच्छत्र – पांचाल राज्य की राजधानी।

बलाई खेड़ा – उसी राज्य का एक और महत्वपूर्ण केंद्र।

दोनों के बीच की दूरी – मात्र चालीस किलोमीटर।

**यह कोई संयोग नहीं हो सकता।**

## मृदभांड संग्रह – दीपक, ढक्कन और भांडों के टुकड़े

टीले की सतह पर – pottery के और भी कई रूप मिले।

एक दीपक का किनारा – scalloped design – जो पूजा में प्रयोग होता था।

कुछ ढक्कन के टुकड़े – जो किसी बड़े भांड को ढकने के काम आते थे।

और कुछ रिम के टुकड़े – जिनसे बर्तन के मुँह का आकार पता चलता है।

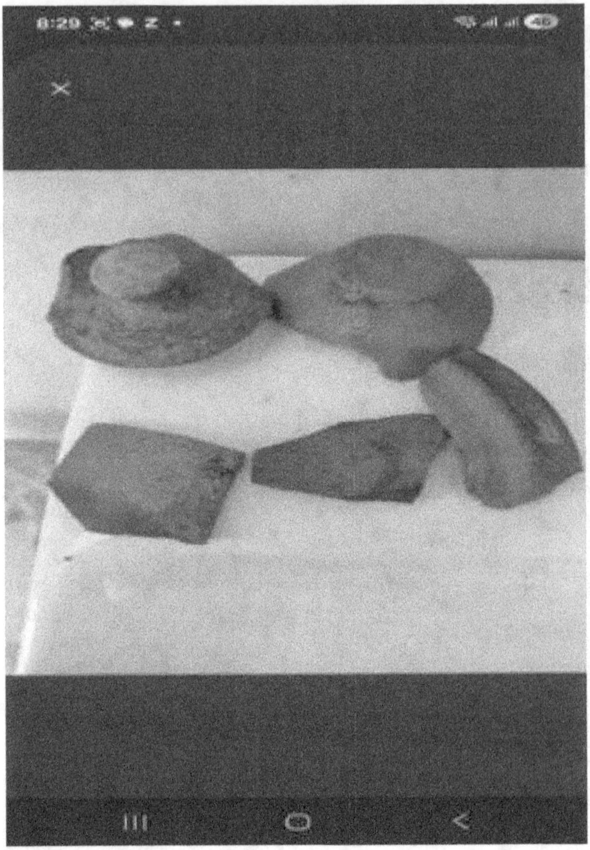

*चित्र ४ – संग्रहित पुरावशेष – दीपक, ढक्कन और मृदभांड के विभिन्न टुकड़े* फोटो: रजत बिन्दल

यह सब मिलकर एक घरेलू जीवन की पूरी तस्वीर बनाते हैं।

**यहाँ कोई परिवार रहता था। खाना बनाता था। दीपक जलाता था। पूजा करता था।**

चित्र – बलाई खेड़ा से प्राप्त मृण्मूर्ति खंड। ध्यानमुद्रा में बैठी आकृति का निचला भाग। लाल terracotta, पीठिका सहित। संभावित काल – गुप्त युग अथवा परवर्ती (4थी-8वीं शताब्दी ईस्वी)। एक वरिष्ठ पुरातत्व विशेषज्ञ द्वारा Gupta era की पुष्टि। – फोटो: रजत बिन्दल

**बलाई खेड़ा की मृण्मूर्ति – एक संक्षिप्त विश्लेषण**

यह खंड बलाई खेड़ा की मिट्टी से निकला।

देखने में – एक छोटा सा टुकड़ा। हाथ में रखिए तो एक मुट्ठी में आ जाए।

पर ध्यान से देखिए।

दो मुड़े हुए घुटने। बीच में कपड़े की लकीरें। नीचे एक पीठिका – जिस पर कोई बैठा था।

यह किसी बैठी हुई आकृति का निचला भाग है। ध्यान में। या पूजा में।

मिट्टी का रंग गहरा गुलाबी-लाल है। यह रंग बताता है – मिट्टी अच्छी तरह पकाई गई थी। यह काम किसी कुशल कारीगर का था।

यह शैली – गोल घुटने, स्पष्ट drapery, पीठिका सहित आसन – **गुप्त काल की मृण्मूर्ति परंपरा** से मेल खाती है। 4थी से 8वीं शताब्दी ईस्वी।

अहिच्छत्र में जो मूर्तियाँ मिली थीं – उनसे यह तुलनीय है। वह पांचाल की राजधानी थी। यह उसकी उत्तरी सीमा है।

एक वरिष्ठ पुरातत्व विशेषज्ञ – जो स्वयं खुदाई में दशकों का अनुभव रखते हैं – उन्होंने इसे देखा। और कहा –

*"बहुत important है। ध्यान से preserve कीजिएगा।"*

यह वाक्य उन्होंने तब कहा जब मैं इसे उठाकर जाने लगा था।

कोई रिपोर्ट नहीं। कोई formal opinion नहीं।

बस – एक विशेषज्ञ की आँखों का बदलता रंग।

वही इस मूर्ति का सबसे बड़ा प्रमाण-पत्र है।

चित्र – बलाई खेड़ा से प्राप्त मृण्मय दीपक खंड। Wheel-thrown terracotta। गोल nozzle सहित। संभावित काल – कुषाण से गुप्त युग (1ली से 6ठी शताब्दी ईस्वी)। फोटो: रजत बिन्दल

**बलाई खेड़ा का दीपक**

मिट्टी का एक छोटा सा टुकड़ा।

पर रुकिए।

इसे ध्यान से देखिए।

ऊपर एक गोल मुँह है। concentric circles में बना हुआ। जैसे किसी ने चाक पर घुमाते हुए उँगली से दबाया हो – और एक perfect गोल आकृति बन गई हो।

यह एक दीपक की टोंटी है।

किसी ने इस मिट्टी को चाक पर रखा। घुमाया। आकार दिया। पकाया। और फिर इसमें तेल डाला। बाती रखी। रोशनी जलाई।

कब?

हज़ार साल पहले। शायद डेढ़ हज़ार साल पहले।

यह Wheel-thrown terracotta है – चाक पर बनी मिट्टी की वस्तु। यह तकनीक उत्तर भारत में **कुषाण काल से गुप्त काल** तक – यानी पहली से छठी शताब्दी ईस्वी तक – अपने चरम पर थी। अहिच्छत्र में, श्रावस्ती में, कौशांबी में – इसी डिज़ाइन के दीपक मिले हैं।

यह दीपक बलाई खेड़ा में मिला।

वही बलाई खेड़ा – जो 1909 के Gazetteer में "a place of great antiquity" लिखा है। वही बलाई खेड़ा – जहाँ NHAI की मशीनें चल रही थीं। वही बलाई खेड़ा – जहाँ किसी ने आज तक खुदाई नहीं की।

पर इस दीपक ने खुद ही बाहर आने का रास्ता ढूंढ लिया।

सोचिए – जब यह दीपक जल रहा होगा – तब इस भूमि पर कोई था। कोई परिवार था। कोई पूजा थी। कोई सभ्यता थी।

वह सभ्यता मिट्टी में दब गई।

पर मिट्टी ने उसे भुलाया नहीं।

**ईंटों का विश्लेषण – आकार ही पहचान है**

---

पुरातत्व में एक सिद्धांत है – ईंटों का आकार ही उनके काल की पहचान कराता है।

हर युग की अपनी एक विशिष्ट ईंट होती है। उसका आकार, उसका अनुपात, उसकी मोटाई – सब कुछ उस काल की तकनीक और ज़रूरत को दर्शाता है।

*चित्र ९ – मिट्टी में मिली ईंट के टुकड़े – कटी हुई परत में*

फोटो: रजत बिन्दल

**भारतीय ईंटों का कालक्रम – तुलनात्मक विश्लेषण**

सिंधु घाटी सभ्यता (तीन हज़ार से डेढ़ हज़ार ईसा पूर्व):

आकार: बहत्तर गुणा छत्तीस गुणा बारह सेंटीमीटर

अनुपात: एक अनुपात दो अनुपात चार

मौर्य काल (तीन सौ बाईस से एक सौ पचासी ईसा पूर्व):

आकार: लगभग चालीस गुणा बीस गुणा दस सेंटीमीटर

कुषाण काल (पहली से तीसरी शताब्दी ईस्वी):

आकार: चौंतीस से साढ़े पैंतीस गुणा सत्रह गुणा

पाँच से छह सेंटीमीटर – चपटी और पतली

गुप्त काल (तीन सौ बीस से पाँच सौ पचास ईस्वी):

आकार: अट्ठाईस से बत्तीस गुणा अठारह से बाईस गुणा

छह से आठ सेंटीमीटर

मध्यकाल (सात सौ से बारह सौ ईस्वी):

आकार: पच्चीस से अट्ठाईस गुणा बारह से पंद्रह गुणा

पाँच से सात सेंटीमीटर – छोटी होती गईं

**राजा वेणु किले की ईंट – बीस गुणा तीस गुणा सात**

---

राजा वेणु के टीले पर जो ईंट मिली – उसका माप था –

**बीस सेंटीमीटर गुणा तीस सेंटीमीटर गुणा सात सेंटीमीटर।**

अनुपात निकाला – सात अनुपात बीस अनुपात तीस।

यानी – एक अनुपात दो दशमलव आठ छह अनुपात चार दशमलव दो आठ।

**राजा वेणु किले की ईंट – काल निर्धारण**

✦ माप: बीस गुणा तीस गुणा सात सेंटीमीटर

✦ अनुपात: एक अनुपात दो दशमलव आठ छह अनुपात चार दशमलव दो आठ

✦ तुलना – कुषाण काल से: मोटाई अधिक, आकार बड़ा

✦ तुलना – गुप्त काल से: निकटतम समानता

✦ निष्कर्ष: गुप्त काल – तीन सौ से पाँच सौ पचास ईस्वी

✦ संभावना: निचली परतों में पुरानी सभ्यता हो सकती है

**गुप्त वंश ने कुषाणों को हराकर यह क्षेत्र अपने अधीन किया था।**

यानी – इस क्षेत्र में पहले कुषाण शासन था, फिर गुप्त शासन आया।

राजा वेणु का किला – गुप्त काल का निर्माण है। पर उसके नीचे – कुषाण काल की कोई परत हो सकती है। और उससे भी नीचे – कुछ और पुराना।

## टेराकोटा मूर्ति – सिंहासन और पैरों का रहस्य

---

राजा वेणु के टीले पर एक और महत्वपूर्ण वस्तु मिली – एक टेराकोटा मूर्ति का खंडित भाग।

जो दिखता है – एक बैठी हुई आकृति का निचला हिस्सा। पैर और आसन।

रंग – गहरा लाल-भूरा। यानी अच्छी तरह पकाई गई मिट्टी।

*चित्र ७ – टेराकोटा के बर्तन* फोटो: रजत बिन्दल

**टेराकोटा मूर्ति – तकनीकी विवरण**

✦ सामग्री: पकी हुई मिट्टी – गहरा लाल-भूरा रंग

✦ आकार: बैठी हुई आकृति का निचला भाग – पैर और आसन

✦ विशेषता: बीच में खोखलापन – जहाँ ऊपरी भाग टूटा

✦ संभावित काल: कुषाण काल – पहली से तीसरी शताब्दी ईस्वी

(इस प्रकार की बैठी हुई टेराकोटा मूर्तियाँ कुषाण काल में सर्वाधिक प्रचलित थीं)

- ✦ वैकल्पिक संभावना: गुप्त काल
- ✦ निश्चित पहचान हेतु: विशेषज्ञ परीक्षण आवश्यक

अगर यह मूर्ति कुषाण काल की है – तो बलाई खेड़ा और राजा वेणु का यह क्षेत्र – दो हज़ार साल पुराना है।

**कमल की नक्काशी – गुप्त काल की पहचान**

---

राजा वेणु के किले पर एक और अद्भुत वस्तु मिली।

एक पत्थर का टुकड़ा – जिस पर कमल की पंखुड़ियों जैसी नक्काशी थी।

गोल आकार। पंखुड़ियों का radiating pattern। बीच में मोती जैसी कतार।

*चित्र ८ – कमल की नक्काशी वाला पत्थर – गुप्तकालीन मंदिर अलंकरण* फोटो: रजत बिन्दल

**कमल नक्काशी – गुप्त काल की वास्तुकला**

✦ सामग्री: बलुआ पत्थर या टेराकोटा

✦ डिज़ाइन: कमल की पंखुड़ियाँ – radiating pattern

✦ सीमा सज्जा: मोती जैसी beading – pearl border

✦ गुप्त काल में: कमल और चक्र सबसे प्रमुख धार्मिक प्रतीक थे

आध्यात्मिक शुद्धता और ज्ञान का प्रतीक

✦ उपयोग: मंदिर के द्वार या स्तंभ का अलंकरण

✦ तुलना: अहिच्छत्र के शिव मंदिर में भी गुप्तकालीन टेराकोटा मूर्तियाँ मिली हैं

**यह किसी मंदिर के द्वार की शोभा रही होगी।**

और यह प्रमाणित करता है – राजा वेणु के टीले पर – गुप्त काल में एक मंदिर अवश्य था।

**हड्डियाँ – एक संवेदनशील साक्ष्य**

---

बलाई खेड़ा के टीले की कटी हुई परत में – मानव अस्थि अवशेष मिले।

लंबी हड्डियाँ। पसलियाँ। जोड़ों के टुकड़े।

यह एक गंभीर खोज है – और इसे उतनी ही संवेदनशीलता से देखना चाहिए।

*चित्र ९ – टीले की मिट्टी में मिले अस्थि अवशेष*

फोटो: रजत बिन्दल

दो संभावनाएँ हैं –

पहली – यह एक समाधि स्थल हो सकता है। प्राचीन काल में – विशेषकर पूर्व-बौद्ध काल में – कुछ समुदाय मृतकों को दफनाते थे।

दूसरी – यह किसी आपदा का प्रमाण हो सकता है। बाढ़, युद्ध, या महामारी – जिसमें लोग अचानक मरे और दफनाए नहीं जा सके।

निश्चित उत्तर के लिए – विधिवत वैज्ञानिक परीक्षण आवश्यक है। हड्डियों की काल-निर्धारण विधि – जिसे रेडियोकार्बन डेटिंग कहते हैं – से सटीक आयु पता चल सकती है।

**यह वह जगह है – जहाँ विज्ञान को बोलने का अवसर मिलना चाहिए।**

## अहिच्छत्र और बलाई खेड़ा – दो नगर, एक सभ्यता

---

अब सारे साक्ष्यों को एक साथ रखकर देखते हैं।

**अहिच्छत्र और बलाई खेड़ा – तुलनात्मक विश्लेषण**

| अहिच्छत्र | बलाई खेड़ा |
|---|---|
| राजधानी | चालीस किमी उत्तर |
| काली चमकदार मृदभांड प्राप्त | समान गुणवत्ता धूसर मृदभांड |
| ईंट निर्माण गुप्तकालीन | गुप्तकालीन समान माप |

| | |
|---|---|
| उत्खनन स्थिति | |
| उन्नीस सौ चालीस से चौवालीस में हुई | आज तक नहीं हुई |
| संग्रहालय | |
| पांचाल संग्रहालय | कोई नहीं – खुले में में सुरक्षित |

दोनों स्थलों की मृदभांड कला एक समान।

दोनों की ईंटें एक समान काल की।

दोनों के बीच की दूरी – मात्र चालीस किलोमीटर।

**यह दो अलग-अलग स्थल नहीं हैं।**

**यह एक ही राज्य के दो नगर हैं – पांचाल राज्य के।**

अहिच्छत्र – राजधानी।

बलाई खेड़ा – उत्तरी सीमा का एक महत्वपूर्ण केंद्र – शायद कोई सैन्य चौकी, शायद कोई व्यापारिक नगर, शायद कोई धार्मिक स्थल।

जब तक खुदाई नहीं होती – निश्चित उत्तर नहीं मिलेगा।

## भीतरगाँव से तुलना – गुप्त काल की वास्तुकला

उत्तर प्रदेश में गुप्त काल का सबसे प्रसिद्ध ईंट मंदिर है – भीतरगाँव।

कानपुर के पास स्थित यह मंदिर – पाँचवीं शताब्दी ईस्वी का है।

और इसकी ईंटों का निर्माण – बलाई खेड़ा और राजा वेणु के टीले की ईंटों से काफी मिलता-जुलता है।

**भीतरगाँव मंदिर से तुलना**

✦ भीतरगाँव – कानपुर के पास – पाँचवीं शताब्दी ईस्वी

✦ निर्माण: पूरी तरह पकी हुई ईंटों से – पत्थर का उपयोग नहीं

✦ ईंट का आकार: बड़ी, मोटी, सुघड़ – गुप्त शैली

✦ सजावट: टेराकोटा पट्टिकाएँ – पौराणिक दृश्य

✦ समानता: बलाई खेड़ा और राजा वेणु किले की ईंटों का आकार और निर्माण शैली – समान काल का संकेत

**उत्तर प्रदेश का यह उत्तरी क्षेत्र – गुप्त काल में मंदिर निर्माण का एक केंद्र रहा होगा।**

## खुदाई से क्या मिल सकता है – एक संभावित चित्र

अब तक जो मिला है – वह केवल सतह पर बिखरा हुआ है।

जो ज़मीन के नीचे है – उसकी कोई कल्पना नहीं की जा सकती।

पर तर्क के आधार पर – कुछ संभावनाएँ बनती हैं।

**संभावित खोज – तर्क आधारित अनुमान**

- ✦ ऊपरी परत में: गुप्तकालीन भवन, मंदिर, और बस्ती के अवशेष
- ✦ मध्य परत में: कुषाण काल के सिक्के, मूर्तियाँ, बर्तन
- ✦ निचली परत में: महाजनपद काल की बस्ती – काली चमकदार मृदभांड कला के पूर्ण नमूने
- ✦ सबसे निचली परत में: संभवतः महाभारत काल या उससे पूर्व का कोई निवास स्थल
- ✦ समाधि स्थल: यदि व्यवस्थित कब्रिस्तान मिला, तो काल-निर्धारण से सटीक आयु ज्ञात होगी

यह सब अनुमान है। तर्क है। संभावना है।

**निश्चितता केवल खुदाई से आएगी।**

## कानूनी पक्ष – प्राचीन स्मारक अधिनियम

एक वकील होने के नाते – यह बताना ज़रूरी समझता हूँ कि कानून क्या कहता है।

भारत में प्राचीन स्मारक एवं पुरातत्व स्थल तथा अवशेष अधिनियम, उन्नीस सौ अट्ठावन – किसी भी प्राचीन स्मारक या स्थल को क्षति पहुँचाना अपराध मानता है।

*चित्र १० – सड़क निर्माण के लिए मशीनों से काटा जाता हुआ टीला*

फोटो: रजत बिन्दल

**प्राचीन स्मारक अधिनियम – मुख्य प्रावधान**

✦ अधिनियम: प्राचीन स्मारक एवं पुरातत्व स्थल

तथा अवशेष अधिनियम, उन्नीस सौ अट्ठावन

✦ प्रावधान: संरक्षित स्मारक को क्षति पहुँचाना

या अनधिकृत निर्माण करना – दंडनीय अपराध

✦ समस्या: बलाई खेड़ा अभी तक 'संरक्षित स्मारक'

घोषित नहीं हुआ – इसलिए सीधा संरक्षण नहीं मिलता

✦ समाधान: पुरातत्व विभाग द्वारा तत्काल सर्वेक्षण और

संरक्षित स्थल घोषणा की आवश्यकता

यह विडंबना है।

जब तक कोई स्थल आधिकारिक रूप से 'संरक्षित' घोषित नहीं होता – कानून उसे पूरी तरह सुरक्षा नहीं देता।

और बलाई खेड़ा – जिसे गज़ेटियर सौ साल पहले ज़िले का सबसे महत्वपूर्ण स्थल बता चुका है – आज भी असुरक्षित है।

**यह केवल पुरातत्व की बात नहीं है। यह कानून की भी माँग है।**

— ✦ —

**मिट्टी जो बोलती है – पर सुनने वाला कोई नहीं**

---

इस अध्याय में जो विश्लेषण किया – वह एक प्रारंभिक चित्र है।

असली सच्चाई – मिट्टी के नीचे है।

हर ईंट जो मिली – एक प्रश्न है।

हर मृदभांड जो मिला – एक अधूरी कहानी है।

हर हड्डी जो मिली – एक जीवन है – जो हमें कुछ बताना चाहता है।

> *एक टीला – जो सौ साल से इंतज़ार कर रहा था।*
>
> *एक मिट्टी – जो बोलना चाहती थी।*
>
> *और एक वकील – जिसने उसकी आवाज़ सुनी।*
>
> *अब बारी है – विज्ञान की।*
>
> *अब बारी है – पुरातत्व विभाग की।*
>
> *अब बारी है – खुदाई की।*

— ✦ —

# राजा वेणु का किला – एक खोया हुआ राज्य

*पूरनपुर की पगडंडी से – खज के कुओं तक – एक राज्य की तलाश*

## उस अनजान पगडंडी पर

---

बलाई खेड़ा। DM साहब से मुलाक़ात। गौरीशंकर मंदिर।

एक ही दिन में – चार जून को – इतना कुछ हो चुका था।

पर अभी एक और स्थान बाकी था।

पीलीभीत से पूरनपुर की सड़क बेहतरीन बनी हुई है।

लगभग तेईस किलोमीटर का रास्ता। सड़क के दोनों तरफ गन्ने और मक्के के खेत लहलहा रहे थे। दूर-दूर तक खेत ही खेत।

**यही असली भारत है। एक कृषि प्रधान देश।**

पूरनपुर से करीब तीन-चार किलोमीटर पहले

मानचित्र ने बाईं तरफ मुड़ने का इशारा किया।

एक पतली-सी पगडंडी थी।

इतनी संकरी कि शक हुआ – क्या यह सही रास्ता है?

वहाँ दो-तीन लोगों से पूछा – उन्होंने बताया कि हाँ, यही रास्ता राजा वेणु के किले की तरफ जाता है।

पगडंडी पर जैसे-जैसे आगे बढ़ते गए – वह और भी पतली होती गई।

अगर मज़बूत गाड़ी न होती – तो हिम्मत न होती आगे बढ़ने की।

चारों तरफ गन्ने और मक्के के खेत। न कोई मकान। न कोई इंसान। बस एक पगडंडी – और उसके दोनों तरफ लहराती फसलें।

**वह गाँव जो टीले पर बसा है**

---

चलते-चलते एक छोटे-से गाँव में पहुँचे।

गाँव के चारों ओर बाहर की तरफ पक्की सड़क बनी थी। उस पर चलते-चलते एक मोड़ से बाईं तरफ मुड़कर गाँव के अंदर घुसे।

और तभी महसूस हुआ –

**गाँव धीरे-धीरे ऊँचे टीले पर बसा हुआ है।**

ऊपर जाते-जाते लोगों ने कच्चे-पक्के मकान बना लिए थे। टीले के ऊपर एक छोटा-सा मंदिर नज़र आया। नीचे बहुत बड़ा मैदान था – जहाँ तीस गाड़ियाँ आराम से खड़ी हो सकती थीं।

*चित्र १ – राजा वेणु किले का मंदिर – एक कोने से – प्राचीन बरगद वृक्ष के साथ* फोटो: रजत बिन्दल

एक पल के लिए सोचा –

क्या यह पूरा गाँव – किसी प्राचीन नगर के खंडहरों पर बसा है?

**मंदिर के पीछे – और एक और खोज**

---

मंदिर में जाने से पहले – मंदिर के चारों ओर घूमना पसंद किया।

और जैसे ही मंदिर के पीछे वाले हिस्से में पहुँचे –

सब समझ आ गया। मंदिर एक ऊँचे टीले पर बना हुआ था। और उस टीले की मिट्टी जहाँ कटी हुई थी – वहाँ अनेक सभ्यताओं की परतें नज़र आ रही थीं।

वहाँ जो ईंटें लगी थीं – वे कुछ पुराने समय की थीं और कुछ नए समय की।

और वहाँ एक ईंट मिली –

**दो फुट चौड़ी और दो फुट लंबी – गुप्त वंश के समय की।**

इस तरह की ईंटों के ढेर लगे हुए थे। और आसपास के खेतों में भी फैली पड़ी थीं।

*चित्र २ – राजा वेणु किले की टीले की कटी हुई मिट्टी – गुप्तकालीन ईंट* फोटो: रजत बिन्दल

यह देखकर मन में एक विचार उठा –

**यह टीला भी अहिच्छत्र जैसा खास हो सकता है।**

गुप्त वंश की ईंटें मिलना इस ओर इंगित कर रहा है।

## पुजारी महीप जी – और प्राचीन मूर्तियाँ

---

मंदिर की सीढ़ियों पर जूते उतारकर – भरी तपती दोपहर में – मंदिर में पहुँचे।

वहाँ के पुजारी – **महीप जी** – ने हमारा स्वागत किया।

उन्होंने मंदिर की प्राचीन मूर्तियों के दर्शन करवाए – जो टूटी-फूटी थीं। पर वे किस काल की हैं – यह जानकारी उन्हें नहीं थी।

*चित्र ३ – गर्भगृह में प्राचीन मूर्ति – पुजारी महीप जी लाल वस्त्र हटाकर दर्शन कराते हुए फोटो: रजत बिन्दल*

*चित्र ४ – गर्भगृह के दूसरे कोने में पूजित एक और प्राचीन मूर्ति*

फोटो: रजत बिन्दल

जिस देवल वंश के शिलालेख की तलाश में यहाँ आए थे – वह नहीं मिला।

पर पंडित जी ने अपने निवास से मंदिर का एक नक्काशीदार खंभे का शीर्ष लाकर दिखाया। बोले – यह पुराना अवशेष है।

*चित्र ५ – पुजारी जी द्वारा दिखाया गया प्राचीन खंभे का शीर्ष – कमल-पंखुड़ी नक्काशी फोटो: रजत बिन्दल*

उसका निर्माण देखकर ऐसा नहीं लगा कि वह प्राचीन काल का था।

पर यह बात तो स्पष्ट है –

**उस ऊँचे टीले पर – जहाँ मंदिर बना है और जहाँ गाँव की बस्ती बसी है – उसके नीचे बहुत पुरानी सभ्यता के अवशेष दबे हुए हैं।**

जो पुरातत्व विभाग की खुदाई का बेसब्री से इंतज़ार कर रहे हैं।

## अष्टकोणीय कुआँ – और बंद गुफाएँ

---

पंडित जी ने और अन्य गाँव वालों ने कुछ और बातें बताईं।

यहाँ एक **अष्टकोणीय कुआँ** भी है – जिसे गाँव वालों ने भर दिया है। इसलिए वह कुआँ देखने को नहीं मिला।

पर अष्टकोणीय कुआँ – यह अपने आप में एक पुरातात्विक महत्व की बात है।

यह भी बताया कि यहाँ **कई गुफाएँ** हैं – जो कहाँ जाती हैं किसी को नहीं पता। और अब सुरक्षा के नाते उन्हें बंद कर दिया गया है।

पंडित जी की बातों पर ज़रा कम विश्वास हुआ।

पर अष्टकोणीय कुएँ की बात – यह ध्यान देने योग्य है। ऐसे कुएँ प्राचीन काल में बनाए जाते थे। और अगर यह सच है – तो यह टीला वाक़ई किसी बड़े नगर का हिस्सा रहा होगा।

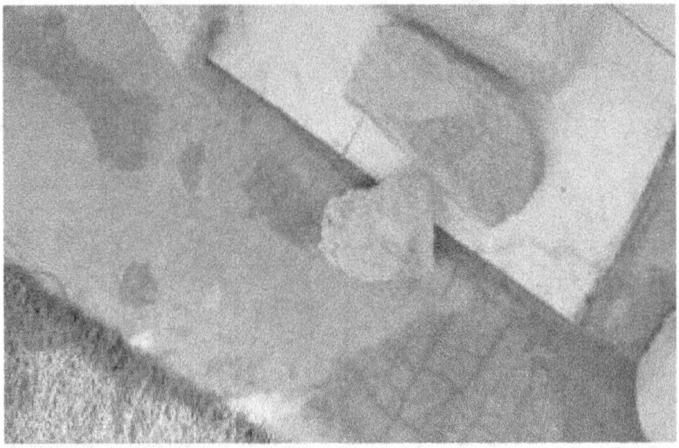

*चित्र ६ – मंदिर परिसर के फर्श पर बिखरी प्राचीन ईंटों की चट्टानें*

फोटो: रजत बिन्दल

**खज के अष्टकोणीय कुएँ – वही पैटर्न, दूसरी जगह**

---

कई महीनों बाद – जब इस किताब के लिए और शोध किया – तो एक बात ने चौंका दिया।

उन्नीस सौ नौ के गज़ेटियर में – **खज** नाम की एक जगह का ज़िक्र मिला – जो आज महोफ वन क्षेत्र की सीमा पर है।

> *"खज में कई अष्टकोणीय कुएँ*
>
> *और एक बड़ा चिनाई किया हुआ जलाशय*
>
> *किसी बड़े नगर के अवशेष प्रतीत होते हैं।"*
>
> *– एच.आर. नेविल, पीलीभीत ज़िला गज़ेटियर*

अष्टकोणीय कुएँ।

वही जो राजा वेणु के किले में था – जो भरा हुआ था – जिसे देखकर महीप जी रुक गए थे।

और अब – खज में – कई अष्टकोणीय कुएँ। और एक बड़ा जलाशय।

**अष्टकोणीय कुएँ – दो स्थानों पर – एक पैटर्न**

- राजा वेणु किला: एक अष्टकोणीय कुआँ – भरा हुआ
- खज: कई अष्टकोणीय कुएँ + एक बड़ा जलाशय
- दूरी: दोनों स्थान महोफ वन क्षेत्र के निकट
- अष्टकोणीय आकार: प्राचीन भारत में विशिष्ट वास्तुकला तकनीक – साधारण गोल कुओं से अलग
- निष्कर्ष: यह कोई संयोग नहीं – एक ही निर्माण परंपरा के दो स्थान – संभवतः एक ही राज्य के

अलग-अलग नगरों में

**यह किसी बड़े नगर के अवशेष हैं।**

किस नगर के? कब का? किस राजा का?

कोई नहीं जानता।

क्योंकि किसी ने खोदा नहीं।

## देवल गाँव – वह शिलालेख जिसकी तलाश थी

राजा वेणु के किले पर जाने का एक उद्द्देश्य था – देवल वंश के शिलालेख की तलाश। वह वहाँ नहीं मिला।

पर शोध जारी रखा – और देवल गाँव के बारे में और जानकारी मिली।

देवल – पीलीभीत क्षेत्र का एक गाँव – जहाँ अठारह सौ उनतीस में एक संस्कृत शिलालेख मिला था।

**देवल शिलालेख – मुख्य तथ्य**

- ✦ मिला: अठारह सौ उनतीस – इलाहाबास देवल गाँव
- ✦ काल: विक्रम संवत एक हज़ार उन्चास – यानी नौ सौ बानवे से तिरानवे ईस्वी
- ✦ लिपि: कुटिल – प्राचीन संस्कृत लिपि
- ✦ लंबाई: सैंतीस छंदों की संस्कृत कविता
- ✦ विषय: दो शिव-पार्वती मंदिरों के निर्माण का वर्णन
- ✦ शासक: लल्ल – छिंद वंश – कन्नौज के राजाओं का सामंत
- ✦ विशेष उल्लेख: राजा ने काठा नदी को अपनी राजधानी तक लाने के लिए नहर खुदवाई थी
- ✦ मंदिर स्थल का नाम: 'देवपल्ली' – आज का देवल गाँव

यह शिलालेख गुप्त काल के बाद का है – दसवीं शताब्दी का।

पर यह महत्वपूर्ण है – क्योंकि यह दिखाता है कि गुप्त वंश के पतन के बाद भी – इस क्षेत्र में सभ्यता निरंतर बनी रही।

एक राजा था। एक राजधानी थी। नहरें खुदती थीं। मंदिर बनते थे।

**यह क्षेत्र – कभी सूना नहीं रहा।**

**तीन स्थान – एक कड़ी**

---

अब तीनों स्थानों को एक साथ रखकर देखते हैं।

तीनों स्थान – महोफ वन क्षेत्र और पूरनपुर तहसील के आसपास। तीनों में – किसी न किसी रूप में – प्राचीन निर्माण के प्रमाण।

**यह क्षेत्र – पांचाल राज्य की उत्तरी सीमा – सदियों तक आबाद रहा।**

पहले महाजनपद काल में। फिर कुषाण काल में। फिर गुप्त काल में। फिर दसवीं शताब्दी में भी।

**एक के बाद एक – सभ्यताएँ आईं, बसीं, और चली गईं।**

और अपने पीछे छोड़ गईं – यह बिखरे हुए प्रमाण – जिन्हें जोड़ने वाला अभी तक कोई नहीं आया।

— ✦ —

**वापसी – और एक पूरा दिन**

और उसके बाद –

हम अपने सारे प्रमाणों के साथ – बरेली की तरफ वापस चल पड़े।

चार जून दो हज़ार छब्बीस की यात्रा समाप्त हुई।

एक दिन में क्या-क्या हुआ –

बलाई खेड़ा में ढाई हज़ार साल पुरानी सभ्यता के अवशेष। काली चमकदार मृदभांड कला। सुरक्षित ईंट की दीवार। हड्डियाँ। सड़क निर्माण का विध्वंस।

जिलाधिकारी महोदय से बीस मिनट की ऐतिहासिक मुलाक़ात। गोमती नदी का रहस्य।

छतरी  चौराहे पर साम्भर वड़ा – जिसने थकी हुई देह में जान फूँक दी।

गौरीशंकर मंदिर के दर्शन।

और राजा वेणु के किले पर – एक और सभ्यता के निशान। गुप्त वंश की विशाल ईंटें। अष्टकोणीय कुआँ। और वे टीले – जो पुरातत्व विभाग की खुदाई का इंतज़ार कर रहे हैं।

बरेली की तरफ वापस जाते हुए – गाड़ी में खामोशी थी।

हम तीनों अपने-अपने ख़्यालों में डूबे हुए थे।

मनीषा ने कहा –

***"आज जो देखा – वह ज़िंदगी भर नहीं भूलेगा।"***

और लक्ष्य ने कहा –

***"ताऊ जी – अब इसे रुकने नहीं देंगे।"***

दोनों सही कह रहे थे।

यह यात्रा – यह एक दिन – एक किताब की शुरुआत नहीं था।

**यह एक ज़िम्मेदारी की शुरुआत थी।**

**जो अभी भी अनुत्तरित है**

---

राजा वेणु का यह किला – पीलीभीत के लोक-स्मृति में बसा हुआ नाम है।

कुछ लोग इसे महाभारत के राजा मयूरध्वज से जोड़ते हैं – कि शायद यह वही रत्नावती नगरी थी जिसका वर्णन अध्याय तीन में किया गया।

कुछ इसे केवल एक स्थानीय किंवदंती मानते हैं।

सच क्या है – यह अभी पूरी तरह सिद्ध नहीं हुआ।

पर जो ईंटें मिलीं – वे गुप्त काल की हैं। जो मूर्तियाँ मिलीं – वे शताब्दियों से पूजित हैं। जो अष्टकोणीय कुआँ है – वह प्राचीन वास्तुकला का प्रतीक है।

**यह स्थान – चाहे मयूरध्वज की रत्नावती न भी हो – एक प्राचीन और महत्वपूर्ण नगर अवश्य रहा होगा।**

और जब तक खुदाई नहीं होगी – यह रहस्य रहस्य ही रहेगा।

> *एक टीला – जिस पर आज एक गाँव बसा है।*
> *उस टीले के नीचे – कोई और नगर सोया है।*
>
> *एक मंदिर – जो आज पूजा जाता है।*
> *उस मंदिर के नीचे – कोई और मंदिर दबा है।*
>
> *एक कुआँ – जो आज भरा पड़ा है।*
> *उस कुएँ में – कोई और कहानी बंद है।*
>
> *बस – कोई उसे खोले।*

## वह वन – जो रहस्य बन गया

*महोबा वन, काम्यक वन और पीलीभीत के बाघ अभयारण्य की वह अनकही कहानी*

### एक सवाल – जो चैन नहीं लेने देता

---

बलाई खेड़ा से लौटते हुए –

गाड़ी में बैठा था।

खिड़की के बाहर साल के घने जंगल थे।

दूर तक – बस जंगल।

और मन में एक सवाल था।

बलाई खेड़ा में जो मिला – वह पांचाल राज्य का हिस्सा था।

पर पांचाल राज्य केवल बलाई खेड़ा तक सीमित नहीं था।

उसकी उत्तरी सीमा थी – यह जंगल।

**यह घना जंगल – जो आज पीलीभीत का बाघ अभयारण्य है।**

क्या इस जंगल में भी कुछ है?

क्या यहाँ भी कोई टीला है? कोई मंदिर है? कोई किला है?

क्या इस जंगल ने भी कोई राज़ छुपा रखा है – जो हज़ारों साल से किसी का इंतज़ार कर रहा है?

## पीलीभीत का बाघ अभयारण्य – वह जंगल जो जीवित इतिहास है

पीलीभीत का बाघ अभयारण्य।

सात सौ तीस वर्ग किलोमीटर।

नेपाल की सीमा तक फैला हुआ।

उन्यासी से अधिक बाघ। हज़ारों हिरण। सैकड़ों पक्षी।

और साल के वे घने वन – जो हज़ारों साल पहले भी थे।

दो हज़ार चौदह में यह अभयारण्य घोषित हुआ।

दो हज़ार बीस में दुनिया का पहला विशेष पुरस्कार मिला – चार साल में बाघों की संख्या दोगुनी करने के लिए। जबकि लक्ष्य दस साल का था।

पर यह अभयारण्य केवल बाघों की कहानी नहीं है।

**यह उस जंगल की कहानी है – जिसे महाभारत में काम्यक वन कहते थे।**

**पीलीभीत का बाघ अभयारण्य – तथ्य**

✦ क्षेत्रफल: सात सौ तीस वर्ग किलोमीटर

✦ वन क्षेत्र: महोफ, बराही, माला, हरिपुर, देवरिया

✦ उत्तरी सीमा: भारत-नेपाल सीमा तक

✦ नदियाँ: शारदा, चुका, माला, खन्नौत

✦ उन्यासी से अधिक बाघ – अगस्त दो हज़ार पच्चीस तक की गणना

✦ पहले यह इमारती लकड़ी का वन था

✦ अठारह सौ उन्यासी में संरक्षित वन घोषित हुआ

✦ दो हज़ार बीस में वैश्विक सम्मान – पहला बाघ अभयारण्य

— ✦ —

## काम्यक वन – एक सवाल जो अभी तक अनसुलझा है

महाभारत के वन पर्व में एक जगह का नाम बार-बार आता है।

काम्यक वन।

वह वन – जहाँ पांडवों ने अपने बारह साल के वनवास का बड़ा हिस्सा बिताया।

जहाँ जयद्रथ ने द्रौपदी का अपहरण किया था।

जहाँ दुर्वासा दस हज़ार शिष्यों के साथ आए थे।

जहाँ कृष्ण ने एक अन्न के कण से चमत्कार किया था।

वह काम्यक वन – कहाँ था?

यह सवाल मैंने विद्वानों से पूछा। किताबें पढ़ीं। संदर्भ खँगाले।

जवाब मिला –

> *"काम्यक वन का सटीक स्थान आज भी एक रहस्य है।*
>
> *कुछ विद्वान इसे राजस्थान के पास मानते हैं।*
>
> *पर ठोस प्रमाण के बिना, यह अभी तक एक अनसुलझा प्रश्न है।"*

यानी – प्रचलित विद्वान भी नहीं जानते।

**काम्यक वन का सटीक स्थान – आज भी एक रहस्य है।**

तो फिर मेरी सोच को नकारा क्यों जाए?

**मेरी सोच – और उसके पीछे का तर्क**

---

मैं एडवोकेट हूँ।

और एडवोकेट का काम होता है – प्रमाण से तर्क बनाना।

तो आइए – प्रमाण देखते हैं।

पहला प्रमाण –

पांचाल राज्य का विस्तार – स्पष्ट रूप से दर्ज है।

**पांचाल राज्य – पुष्ट सीमाएँ**

- पांचाल राज्य का विस्तार आज के पीलीभीत, बरेली, बदायूँ और शाहजहाँपुर तक था
- उत्तरी सीमा: हिमालय की तलहटी का तराई वन
- राजधानी: अहिच्छत्र (रामनगर, बरेली)
- यानी – पीलीभीत पांचाल राज्य का हिस्सा था

दूसरा प्रमाण –

पांडव – द्रुपद के दामाद थे। पांचाल के मित्र थे।

वनवास में – अपने ससुर के राज्य की उत्तरी सीमा पर रहना – यह भौगोलिक और राजनैतिक दृष्टि से बिल्कुल तर्कसंगत है।

कोई शत्रु के राज्य में वनवास नहीं काटता।

तीसरा प्रमाण –

गोमती नदी।

गोमती का उद्‌गम – महोफ वन क्षेत्र के पास फुलहर झील में है।

और महोफ वन क्षेत्र – पीलीभीत के बाघ अभयारण्य का हिस्सा है।

महाभारत में काम्यक वन के पास नदियों का उल्लेख है।

**गोमती – यही वह नदी है जो काम्यक वन के पास बहती थी।**

**जंगल के भीतर – जो छुपा है वह चौंका देगा**

---

पर सोच से बड़ा होता है – प्रमाण।

और प्रमाण के लिए – मैंने पुराना ज़िला विवरण खोला।

अठारह सौ नौ का पीलीभीत ज़िला गज़ेटियर।

एच.आर. नेविल – भारतीय सिविल सेवा।

और जो मिला – वह चौंकाने वाला था।

> *"पूरनपुर तहसील के वन क्षेत्र*
>
> *दबे हुए नगरों और किलों से भरे पड़े हैं,*
>
> *जिनकी प्राचीनता असाधारण रूप से बड़ी ईंटों की उपस्थिति से*
>
> *स्पष्ट रूप से सिद्ध होती है,*
>
> *जो अक्सर बड़ी कलात्मकता से तराशी और गढ़ी गई हैं।"*
>
> *– एच.आर. नेविल, पीलीभीत ज़िला गज़ेटियर*

पढ़कर रुक गया।

'असाधारण रूप से बड़ी ईंटें – कलात्मकता से तराशी हुई।'

**पूरनपुर के जंगलों में – वही ईंटें – जो बलाई खेड़ा में मिली थीं।**

और पूरनपुर तहसील – आज महोफ वन क्षेत्र का हिस्सा है।

यानी – अभयारण्य के अंदर – दबे हुए नगर और किले हैं।

जो सौ साल से अधिक समय से दर्ज हैं।

पर किसी ने ध्यान नहीं दिया।

**महोफ – वह किला जो जंगल में दफन है**

---

सिर्फ पूरनपुर के जंगलों में नहीं।

महोफ में – अभयारण्य के महोफ वन क्षेत्र में –

एक विशाल ध्वस्त ईंट का किला है।

गज़ेटियर में स्पष्ट लिखा है।

> *"महोफ में एक विशाल ध्वस्त ईंट का किला है।*
>
> *समीप में सिमरिया घोसू में एक मिट्टी का किला है,*
>
> *पर वह क्षेत्र के अन्य अवशेषों से*
>
> *बाद में बना प्रतीत होता है।"*
>
> *– एच.आर. नेविल, पीलीभीत ज़िला गज़ेटियर*

वह किला – आज अभयारण्य के अंदर है।

घने जंगल से ढका हुआ।

सौ वर्षों से अधिक समय से किसी ने उसकी ठीक से जाँच नहीं की।

**एक सौ सत्रह साल – कोई नहीं गया।**

जैसे बलाई खेड़ा – एक सौ सत्रह साल से इंतज़ार कर रहा था।

यह महोफ का किला भी – शायद इंतज़ार कर रहा है।

## खज के अष्टकोणीय कुएँ – एक बड़े नगर के निशान

खज।

अभयारण्य की सीमा पर।

गज़ेटियर में लिखा है –

> *"खज में कई अष्टकोणीय कुएँ*
>
> *और एक बड़ा चिनाई किया हुआ जलाशय*
>
> *किसी बड़े नगर के अवशेष प्रतीत होते हैं।"*
>
> *– एच.आर. नेविल, पीलीभीत ज़िला गज़ेटियर*

अष्टकोणीय कुएँ।

यह सुनकर याद आया – राजा वेणु के किले में भी एक अष्टकोणीय कुआँ था।

वही अष्टकोणीय कुआँ – जो भरा हुआ था। जिसे देखकर पुजारी महीप जी रुक गए थे।

और यहाँ – खज में – कई अष्टकोणीय कुएँ।

और एक बड़ा जलाशय।

**यह किसी बड़े नगर के अवशेष हैं।**

किस नगर के? कब का? किस राजा का?

कोई नहीं जानता।

क्योंकि किसी ने खोदा नहीं।

## नियोरिया हुसैनपुर – जो जंगल ने निगल लिया

और एक जगह और है।

नियोरिया हुसैनपुर।

गज़ेटियर में –

> *"नियोरिया हुसैनपुर में अवशेषों का*
>
> *एक विशाल क्षेत्र है,*
>
> *जो घने जंगल से ढक गया है।"*
>
> *– एच.आर. नेविल, पीलीभीत ज़िला गज़ेटियर*

एक पूरा अवशेष क्षेत्र।

जो घने जंगल ने ढक लिया।

सौ साल पहले – नेविल ने देखा था।

आज – एक सौ सत्रह साल बाद – वह जंगल और भी घना हो गया है।

और वे अवशेष – और भी गहरे दफन हो गए हैं।

**जंगल ने उन्हें बचाया भी। और छुपाया भी।**

**इलाबास मंदिर – अभयारण्य के अंदर – विभाग ने स्वयं पुष्टि की**

---

पर यह सब सौ साल पहले की बातें हैं।

क्या हाल ही में कुछ मिला है?

हाँ।

पीलीभीत के बाघ अभयारण्य के अंदर – एक मंदिर है।

नाम है – **इलाबास मंदिर।**

दुर्गा माता को समर्पित।

बलुआ पत्थर की मूर्तियों के साथ।

पुरातत्व विभाग ने दो हज़ार अठारह और दो हज़ार बाईस में सर्वेक्षण किया।

और काल निर्धारित किया –

**इलाबास मंदिर – विभाग द्वारा पुष्ट तथ्य**

✦ स्थान: पीलीभीत के बाघ अभयारण्य के अंदर

✦ समर्पित: दुर्गा माता को

✦ सामग्री: बलुआ पत्थर की मूर्तियाँ

✦ सर्वेक्षण: दो हज़ार अठारह और दो हज़ार बाईस में

✦ काल: नौवीं शताब्दी

✦ स्थिति: औपचारिक संरक्षण अभी लंबित

✦ यानी – बारह सौ साल पुराना मंदिर – अभयारण्य के अंदर

✦ और अभी तक आधिकारिक रूप से संरक्षित नहीं

**अभयारण्य के अंदर – नौवीं शताब्दी का मंदिर।**

**विभाग ने पुष्टि की। पर संरक्षित नहीं।**

क्यों? क्योंकि कोई आगे नहीं बढ़ा।

कोई माँग नहीं की। कोई आवाज़ नहीं उठाई।

— ✦ —

## नौ सौ बानवे ईस्वी – वह संस्कृत शिलालेख जो जंगल के पास मिली

और एक और प्रमाण।

अठारह सौ उनतीस की बात है।

देवरिया गाँव के पास – जो अभयारण्य का हिस्सा है –

एक संस्कृत शिलालेख मिला था।

नाम – **देवल शिलालेख।**

**देवल शिलालेख – नौ सौ बानवे से तिरानवे ईस्वी**

- मिला: अठारह सौ उनतीस – इलाहाबास देवल गाँव, देवरिया के पास
- काल: विक्रम संवत एक हज़ार उन्चास
- लिपि: कुटिल – प्राचीन संस्कृत लिपि
- लंबाई: सैंतीस छंदों की संस्कृत कविता
- विषय: दो शिव-पार्वती मंदिरों के निर्माण का वर्णन
- शासक: लल्ल – छिंद वंश
  कन्नौज के राजाओं का सामंत
- रोचक तथ्य: उसने काठा नदी को अपनी

राजधानी तक लाया – नहर खुदवाई थी

✦ मंदिर स्थल का नाम दिया था – 'देवपल्ली'

यानी आज का देवल गाँव

नौ सौ बानवे ईस्वी।

इस जंगल के पास – एक राजा था।

जिसने नहर खुदवाई थी।

दो मंदिर बनवाए थे।

और उस शिलालेख में – उन मंदिरों को राजस्व दिया था।

**एक हज़ार साल पहले – यह जंगल सूना नहीं था।**

**यहाँ लोग थे। राजा था। मंदिर था। नहर थी।**

**शाहगढ़ का किला – और नेपाल के सिक्के**

---

शाहगढ़।

अभयारण्य की उत्तरी सीमा के पास।

नेपाल सीमा के करीब।

वहाँ एक विशाल किला है।

और उस किले की दीवारों के अंदर –

नेपाल के **वर्मा वंश** के सिक्के मिले।

यह क्या बताता है?

नेपाल और पीलीभीत के बीच – एक प्राचीन राजनैतिक और व्यापारिक संबंध था।

यह किला – नेपाल-भारत सीमा पर – एक रणनीतिक चौकी था।

किसके लिए? पांचाल राज्य के लिए? किसी और के लिए?

पता नहीं।

**क्योंकि किसी ने खोदा नहीं।**

– ✦ –

### बांधवगढ़ – वह उदाहरण जो सब कुछ बदल देता है

अब एक और बात।

मध्य प्रदेश में – बांधवगढ़ बाघ अभयारण्य।

दो हज़ार बाईस में – पुरातत्व विभाग गया।

उन्नीस सौ अड़तीस के बाद – पहली बार।

चौरासी साल बाद।

एक सौ सत्तर वर्ग किलोमीटर क्षेत्र की जाँच की।

और जो मिला –

**बांधवगढ़ बाघ अभयारण्य – विभाग की खोज दो हज़ार बाईस**

- ✦ छब्बीस मंदिर – नए दर्ज
- ✦ छब्बीस गुफाएँ – दूसरी शताब्दी ईसा पूर्व से पाँचवीं शताब्दी ईस्वी तक
- ✦ दो बौद्ध विहार
- ✦ दो स्तूप
- ✦ चौबीस ब्राह्मी शिलालेख
- ✦ छियालीस मूर्तियाँ
- ✦ उन्नीस जल संरचनाएँ
- ✦ शिलालेखों में: मथुरा और कौशांबी के नाम

(उत्तर प्रदेश के नगर – बांधवगढ़ से सैकड़ों किलोमीटर दूर)

✦ यानी – उत्तर प्रदेश और मध्य प्रदेश के बीच

प्राचीन व्यापार मार्ग थे

इससे पहले इस क्षेत्र की जाँच उन्नीस सौ अड़तीस में हुई थी।

चौरासी साल बाद गए – और यह सब मिला।

चौरासी साल।

और मिले – छब्बीस मंदिर, छब्बीस गुफाएँ, चौबीस शिलालेख।

अब एक सवाल –

**पीलीभीत के बाघ अभयारण्य में पुरातत्व विभाग कब गया?**

**कभी नहीं।**

एक बार भी नहीं।

कोई व्यवस्थित पुरातात्विक खोज नहीं हुई।

जबकि यहाँ – जंगल के अंदर – महोफ का किला है। नियोरिया हुसैनपुर के अवशेष हैं। खज के अष्टकोणीय कुएँ हैं। इलाबास का मंदिर है।

और सौ साल पहले के गज़ेटियर में – असाधारण रूप से बड़ी, कलात्मक रूप से तराशी ईंटें।

**अगर बांधवगढ़ में छब्बीस मंदिर मिले –**

**तो पीलीभीत में क्या मिलेगा?**

### मैं हताश क्यों हुआ – और फिर क्यों नहीं रहा

एक बात ईमानदारी से बताता हूँ।

जब शोध में पता चला कि प्रचलित विद्वान काम्यक वन को राजस्थान-हरियाणा में मानते हैं –

तो मन में एक पल के लिए हताशा आई।

लगा – क्या मेरी सोच गलत है?

पर फिर सोचा –

एक – स्वयं विद्वानों ने माना है कि काम्यक वन का सटीक स्थान अज्ञात है।

दो – प्रचलित विद्वानों की सोच भी सिद्ध नहीं है।

तीन – पांचाल राज्य का विस्तार पुष्ट है।

चार – गोमती का उद्गम महोफ वन क्षेत्र में है।

पाँच – इस जंगल में विभाग द्वारा पुष्ट नौवीं शताब्दी का मंदिर है।

छह – सौ साल पुराने गज़ेटियर में बड़ी ईंटों का अभिलेख है।

सात – बांधवगढ़ जैसे जंगल में छब्बीस मंदिर मिले।

**तो मेरी सोच नकारी नहीं जाती।**

बस – अभी सिद्ध नहीं है।

और सिद्ध होने के लिए –

**पुरातत्व विभाग को यहाँ आना होगा।**

**वह माँग – जो इस किताब से उठती है**

---

बांधवगढ़ में विभाग गया।

चौरासी साल बाद।

और छब्बीस मंदिर मिले।

पीलीभीत के बाघ अभयारण्य में – पांचाल राज्य की उत्तरी सीमा – गोमती का उद्गम स्थल – विभाग द्वारा पुष्ट मंदिर – दर्ज अवशेष।

और कोई खोज नहीं।

यह किताब – एक माँग करती है।

> *पुरातत्व विभाग – पीलीभीत के बाघ अभयारण्य में*
>
> *एक व्यवस्थित पुरातात्विक खोज करे।*
>
> *महोफ के किले की जाँच करे।*
>
> *नियोरिया हुसैनपुर के अवशेषों को दर्ज करे।*
>
> *खज के अष्टकोणीय कुओं का काल निर्धारित करे।*
>
> *इलाबास मंदिर को औपचारिक रूप से संरक्षित घोषित करे।*
>
> *जो बांधवगढ़ में हुआ –*
>
> *वह पीलीभीत में भी होना चाहिए।*
>
> *क्योंकि यह पांचाल राज्य की भूमि है।*
>
> *यह काम्यक वन की भूमि है।*
>
> *यह गोमती की जन्मभूमि है।*
>
> *यह महाभारत की धरती है।*

**वह जंगल – और वह उम्मीद**

---

जब भी पीलीभीत के बाघ अभयारण्य की सीमा से गुज़रता हूँ –

उन साल के घने जंगलों को देखता हूँ –

मन में एक बात आती है।

इन जंगलों ने सब कुछ देखा है।

पांडवों को देखा।

द्रौपदी को देखा।

कृष्ण को देखा।

देवल शिलालेख के राजा लल्ल को देखा।

मुगल शासकों को देखा।

अंग्रेज़ी वन अधिकारियों को देखा।

और आज – उनके बाघों को देख रहा है।

यह जंगल बोलता नहीं।

पर इसकी मिट्टी में सब कुछ है।

> *जिस जंगल में आज बाघ दहाड़ते हैं –*

*उस जंगल में कभी द्रौपदी की आवाज़ गूँजी थी।*

*जिस जंगल में आज वनरक्षक गश्त करते हैं –*

*उस जंगल में कभी अर्जुन का गांडीव टंकारा था।*

*जिस जंगल की मिट्टी में आज बीज उगते हैं –*

*उस मिट्टी में हज़ारों साल का इतिहास दफन है।*

*बस – कोई उसे खोदे।*

## उपसंहार

# एक अकेली यात्रा – और उसका जवाब

*चार जून से लेकर आज तक – एक कहानी जो अभी खत्म नहीं हुई*

### वह सुबह – जब मैं अकेला था

---

चार जून दो हज़ार छब्बीस।

सुबह के सात बजे।

बरेली से एक गाड़ी निकली थी।

उसमें बैठा था – मैं। हाथ में कलम। मन में कुछ सवाल। और एक हल्का-सा जुनून – जिसका नाम तब तक मुझे खुद नहीं पता था।

मैं कोई इतिहासकार नहीं था। कोई पुरातत्वविद् नहीं था। कोई सरकारी अधिकारी नहीं था।

मैं एक वकील था।

जो बस – जिज्ञासु था।

**मैं तो बस पांचाल संग्रहालय देखने गया था।**

सोचा भी नहीं था कि इतिहास का हिस्सा बन जाऊँगा।

उस दिन – पीलीभीत से नौ किलोमीटर पहले – एक टूटी हुई ईंट ने मुझे रोक दिया था।

और उस एक पल ने – मेरी पूरी यात्रा बदल दी।

— ✦ —

## एक दिन में जो हुआ – आज भी विश्वास नहीं होता

बलाई खेड़ा का वह विशालकाय टीला।

NHAI की क्रेन और JCB जो उसे काट रही थीं।

काली चमकदार मृदभांड कला के टुकड़े – जिन्हें हाथ में लेकर मैं काँप गया था।

सुरक्षित ईंट की दीवार।

मिट्टी में दबी हड्डियाँ।

जिलाधिकारी श्री ज्ञानेंद्र सिंह जी से बीस मिनट की वह ऐतिहासिक मुलाक़ात।

गोमती नदी का वह रहस्य – जो गंगा से भी पुरानी निकली।

राजा वेणु का किला – पुजारी महीप जी – वह अष्टकोणीय कुआँ – वह गुप्तकालीन ईंटें।

एक दिन। एक अकेला आदमी। और इतना कुछ।

उस रात जब बरेली लौटा – तो हाथ में मिट्टी थी, आँखों में इतिहास था।

**और मन में एक किताब का बीज पड़ चुका था।**

**सोलह घंटे – बीस हज़ार लोग**

उस यात्रा की तस्वीरें – बलाई खेड़ा की, DM साहब से मुलाक़ात की – मैंने सामाजिक माध्यमों पर साझा कीं।

सोचा नहीं था कि क्या होगा।

पर सोलह घंटों के भीतर –

**बीस हज़ार से अधिक लोगों ने देखा।**

पीलीभीत के लोगों में – एक जागृति दिखी। अपनी जड़ों के प्रति – एक उत्सुकता दिखी।

लोगों ने comment किए। share किए। पूछा – 'क्या यह सच में हमारे पीलीभीत की मिट्टी में है?'

हाँ। यह सच में था।

117 साल से – यह मिट्टी इंतज़ार कर रही थी।

**और फिर – वह दिन आया**

---

यह किताब लिखते-लिखते –

एक दिन – फोन की घंटी बजी।

दूसरी तरफ से आवाज़ आई –

*"नमस्ते – मैं भारतीय पुरातत्व सर्वेक्षण विभाग से बोल रहा हूँ।*

*हम बलाई खेड़ा आए हैं।*

*क्या आप उस स्थान की सटीक लोकेशन बता सकते हैं?"*

मैं कुछ क्षण के लिए – बोल ही नहीं पाया।

मेरे हाथ काँप रहे थे।

एक वरिष्ठ वैज्ञानिक – जिनका नाम सम्मान के साथ गोपनीय रखूँगा, क्योंकि उन्होंने स्वयं ऐसा अनुरोध किया – बलाई खेड़ा और राजा वेणु, दोनों स्थलों पर पहुँचे।

उन्होंने ईंटों को देखा। मिट्टी को परखा। परतों को समझा।

और उन्होंने जो कहा – वह इस पूरी यात्रा का सबसे बड़ा पुरस्कार था –

> *"यहाँ जो ईंटें मिली हैं –*
>
> *वे गुप्तकालीन या उसके परवर्ती काल की प्रतीत होती हैं।*
>
> *विधिवत खुदाई से इससे भी प्राचीन साक्ष्य*
>
> *प्राप्त होने की पूरी संभावना है।"*

मैं वहीं खड़ा रह गया।

117 साल पहले – एच.आर. नेविल ने लिखा था – 'यहाँ कोई खुदाई नहीं हुई।'

और आज – 117 साल बाद – पहली बार – पुरातत्व विभाग की एक वैज्ञानिक टीम वहाँ खड़ी थी।

**117 साल की चुप्पी – टूट गई।**

और वह चुप्पी – एक वकील के एक दिन की यात्रा से टूटी।

— ✦ —

## थोड़ा भावुक हो जाने दीजिए

---

इस किताब को लिखते-लिखते – एक शाम – मन बहुत भर आया था।

मैंने अपने आप से पूछा था –

*"क्या वाक़ई मुझे कभी पहचान मिलेगी?"*

और फिर खुद ही जवाब दिया था –

*"उसके पीछे नहीं भागूँगा।*

*उसे खुद मेरे पास आना होगा।"*

आज – जब भारतीय पुरातत्व सर्वेक्षण विभाग की टीम बलाई खेड़ा पहुँची – तो लगा कि वह बात सच होने लगी है।

पर इस यात्रा का असली पुरस्कार – कोई सम्मान नहीं है।

**असली पुरस्कार यह संतोष है – कि जो ज़मीन 117 साल से अनदेखी थी, उस पर आज विज्ञान खड़ा है।**

कि जो ईंटें मिट्टी के नीचे दबी थीं – वे अब किसी फाइल में दर्ज हो चुकी हैं।

कि जो हड्डियाँ – किसी अनजान जीवन की निशानी थीं – अब शायद वैज्ञानिक परीक्षण की प्रतीक्षा में हैं।

कभी-कभी कोई छोटी-सी बात इंसान को आगे बढ़ने की प्रेरणा दे जाती है।

मेरे लिए – वह प्रेरणा थी – एक टूटी हुई ईंट।

– ✦ –

**अभी प्रकाशित करने का निर्णय – और क्यों**

---

एक प्रश्न बार-बार मन में आता रहा –

क्या इस किताब को रोक देना चाहिए – जब तक खुदाई पूरी न हो जाए?

क्या इंतज़ार करना चाहिए – जब तक ज़मीन अपना पूरा रहस्य न खोल दे?

बहुत सोचने के बाद – एक निर्णय लिया।

**नहीं। यह किताब अभी प्रकाशित होगी।**

क्योंकि खुदाई में सालों लग सकते हैं। कभी-कभी दशकों।

और जो momentum आज है – जो जागरूकता आज है – जो प्रशासनिक सहयोग आज मिल रहा है – वह इंतज़ार में ठंडा पड़ सकता है।

इतिहास हमें यही सिखाता है। जब Nalanda की knowledge एक रात में जल गई – कारण यह नहीं था कि किसी ने document करने का इंतज़ार किया।

कारण यह था कि किसी ने document किया ही नहीं – समय रहते।

**मैं वह गलती नहीं दोहराना चाहता।**

इसलिए – जो आज प्रमाण है, जो आज खोज है, जो आज जागरूकता है – वह आज ही दर्ज होनी चाहिए।

और जब खुदाई होगी – जब नई जानकारी मिलेगी – तब इस किताब का अगला संस्करण आएगा।

**यह किताब एक खोज की शुरुआत है – अंत नहीं।**

— ✦ —

## आभार

इस यात्रा में कई लोगों का साथ मिला – जिनके बिना यह संभव नहीं था।

**डॉ. प्रिया सक्सेना** – इतिहास विभाग की अध्यक्ष, महात्मा ज्योतिबा फुले रोहिलखंड विश्वविद्यालय, बरेली – जिन्होंने हर कदम पर मार्गदर्शन दिया, और जिनकी वजह से 'बरेली का इतिहास – भाग प्रथम' पांचाल संग्रहालय तक पहुँची।

**जिलाधिकारी पीलीभीत, श्री ज्ञानेंद्र सिंह जी** – जिन्होंने एक अनजान शोधकर्ता को इतना समय दिया, सुना, और कार्यवाही की।

**जिलाधिकारी बरेली, श्री अविनाश कुमार सिंह** – जिन्होंने नाथ नगरी प्रकल्प से जोड़ा और प्रोत्साहन दिया।

**वह वरिष्ठ वैज्ञानिक** – भारतीय पुरातत्व सर्वेक्षण विभाग से – जिन्होंने बलाई खेड़ा और राजा वेणु किला, दोनों का दौरा किया, और एक शोधकर्ता के काम को मान्यता दी।

**मनीषा** – जो हर यात्रा में साथ रहीं – 44 डिग्री की धूप में भी, अनजान पगडंडियों पर भी।

**नीलू बुआ** – जिनकी एक प्रतिक्रिया ने अध्याय तीन की शुरुआत बनाई।

**लक्ष्य** – जिनके शब्दों ने – 'ताऊ जी, अब इसे रुकने नहीं देंगे' – मुझे आगे बढ़ने की हिम्मत दी।

और उन सभी पीलीभीत वासियों का – जिन्होंने सामाजिक माध्यमों पर इस खोज को सराहा, साझा किया, और अपनी जड़ों के प्रति उत्सुकता दिखाई।

– ✦ –

**आगे की उम्मीद**

---

यह किताब समाप्त हो रही है। पर कहानी नहीं।

बलाई खेड़ा की खुदाई – अभी बाकी है।

राजा वेणु किले के अष्टकोणीय कुएँ का राज़ – अभी बाकी है।

महोफ वन क्षेत्र के वे अनदेखे टीले – अभी बाकी हैं।

काम्यक वन की सच्चाई – अभी बाकी है।

**आगे जो होना चाहिए**

- ✦ बलाई खेड़ा को संरक्षित स्मारक घोषित किया जाए
- ✦ वहाँ विधिवत वैज्ञानिक खुदाई हो
- ✦ राजा वेणु किले की भी जाँच हो
- ✦ पीलीभीत के बाघ अभयारण्य में पुरातात्विक सर्वेक्षण हो
- ✦ इलाबास मंदिर को औपचारिक संरक्षण मिले
- ✦ मिली हुई हड्डियों की वैज्ञानिक जाँच हो
- ✦ पीलीभीत को उसका ऐतिहासिक गौरव वापस मिले

जब यह सब होगा – तब इस किताब का दूसरा संस्करण आएगा।

और शायद तब – जो आज सवाल हैं – उनके जवाब मिल चुके होंगे।

— ✦ —

**अंतिम शब्द**

---

एक टूटी ईंट से शुरू हुई यह यात्रा।

एक अकेले आदमी से शुरू हुई यह यात्रा।

आज – पुरातत्व विभाग की टीम बलाई खेड़ा पर खड़ी है।

आज – पीलीभीत के हज़ारों लोग अपनी जड़ों को जानना चाहते हैं।

आज – एक किताब आपके हाथों में है।

> *मैं तो बस पांचाल संग्रहालय देखने गया था।*
>
> *सोचा भी नहीं था कि इतिहास का हिस्सा बन जाऊँगा।*
>
> *पर शायद यही इतिहास की रीत है –*
>
> *वह उन्हें चुनता है जो चलते रहते हैं,*
>
> *जो पूछते रहते हैं,*
>
> *जो रुकते नहीं।*
>
> *पीलीभीत – तुम्हारी मिट्टी ने मुझे बहुत कुछ सिखाया।*

*अब बारी है – दुनिया को सिखाने की।*

*यह किताब उसी सीख का पहला अध्याय है।*

– ✦ –

**एडवोकेट रजत बिन्दल**

*बरेली*

# परिशिष्ट

## परिशिष्ट के बारे में

यह परिशिष्ट सिर्फ कागज़ नहीं है।

यह एक लड़ाई का दस्तावेज़ है।

---

चार जून दो हजार छब्बीस।

उस दिन – जब बलाई खेड़ा की मिट्टी में दबी ईंटें पहली बार सामने आईं – उसी दिन एक और काम हुआ।

वह काम था – आवाज़ उठाना।

NHAI की मशीनें चल रही थीं। JCB उस टीले को काट रही थी जो 117 साल से किसी का इंतजार कर रहा था। हज़ारों साल पुरानी सभ्यता – सड़क की मिट्टी में मिलाई जा रही थी।

उस पल – चुप रहना संभव नहीं था।

---

उसी शाम – तीन पत्र लिखे गए।

पहला पत्र – माननीय प्रधानमंत्री श्री नरेंद्र मोदी जी को।

दूसरा पत्र – भारतीय पुरातत्व सर्वेक्षण विभाग, Lucknow Circle को।

दोनों में एक ही बात थी –

**यह विनाश रोको।**
**इन स्थलों की वैज्ञानिक जाँच करो।**
**इतिहास को बचाओ – इससे पहले कि बहुत देर हो जाए।**

---

कुछ दिनों बाद – ASI आई।

एक वरिष्ठ वैज्ञानिक ने बलाई खेड़ा और राजा वेणु का टीला – दोनों स्थलों का दौरा किया।

उन्होंने ईंटों को देखा। मिट्टी को परखा। परतों को समझा।

और उन्होंने माना –

बलाई खेड़ा – 7वीं से 8वीं शताब्दी ईस्वी।
राजा वेणु का टीला – प्रारंभिक मध्यकालीन।

117 साल की चुप्पी – टूट गई।

---

पर फिर – एक और बात हुई।

ASI ने PMO को रिपोर्ट सौंपी। और उस रिपोर्ट में – जहाँ एक ओर sites की पुरातात्विक महत्ता स्वीकार की गई – वहीं दूसरी ओर यह भी लिख दिया गया –

*"खेती से नुकसान हो सकता है। इसलिए ASI द्वारा खुदाई की अनुशंसा नहीं की जाती।"*

और case – बंद कर दिया गया।

यह तर्क स्वीकार्य नहीं था।

हज़ारों साल पुरानी सभ्यता – और कारण यह कि खेती को नुकसान हो सकता है?

---

PMO Nodal Officer को अपील दायर की गई।

उस अपील में एक ही तर्क था –

*जब ASI की अपनी रिपोर्ट मानती है कि ये स्थल पुरातात्विक दृष्टि से महत्वपूर्ण हैं – तो case बंद करने का आधार क्या है?*

वह लड़ाई – अभी जारी है।

---

यह परिशिष्ट उसी पूरी प्रक्रिया का दस्तावेज़ है।

**परिशिष्ट १** – माननीय प्रधानमंत्री जी को शिकायत *(4 जून 2026)*

**परिशिष्ट २** – ASI Lucknow Circle को शिकायत *(4 जून 2026)*

**परिशिष्ट ३** – ASI की आधिकारिक surface inspection रिपोर्ट *(PMO grievance के उत्तर में)*

**परिशिष्ट ४** – PMO Nodal Officer को अपील *(ASI रिपोर्ट के बाद, case बंद होने पर)*

---

इन दस्तावेज़ों को यहाँ रखने का एक कारण और भी है।

इतिहास में बार-बार यह हुआ है –

जो खोज हुई, वह दर्ज नहीं हुई।
जो लड़ाई लड़ी गई, वह याद नहीं रही।
जो प्रमाण था, वह कहीं खो गया।

यह किताब वह गलती नहीं दोहराएगी।

जो आज हुआ – वह आज ही दर्ज होगा।
जो लड़ाई आज लड़ी जा रही है – वह इन पृष्ठों में सुरक्षित रहेगी।

ताकि कल – जब कोई इतिहासकार इन स्थलों के बारे में लिखे –

तो उसे पता हो –

**कि एक अकेले इंसान ने – बिना किसी संस्था के, बिना किसी पद के –**
**इन सरकारी दरवाज़ों को खटखटाया था।**
**और वह दरवाज़े – खुले।**

---

यह परिशिष्ट सिर्फ annexure नहीं है।

यह इस किताब का सबसे ज़रूरी हिस्सा है।

क्योंकि यही वह जगह है – जहाँ इतिहास और वर्तमान – एक दूसरे से मिलते हैं।

**– एडवोकेट रजत बिन्दल, बरेली**

**परिशिष्ट १**

**माननीय प्रधानमंत्री जी को शिकायत**

सेवा में,

माननीय श्री नरेन्द्र मोदी जी,

प्रधानमंत्री, भारत गणराज्य,

7, लोक कल्याण मार्ग, नई दिल्ली – 110 011।

दिनांक: 04 जून 2026

विषय: पीलीभीत जनपद, उत्तर प्रदेश में महाभारत-कालीन पुरातात्विक स्थलों – बलाई खेड़ा (थाना जहानाबाद) एवं राजा वेणु का किला (थाना पूरनपुर) – के संरक्षण, ASI द्वारा वैज्ञानिक उत्खनन, तथा NHAI/PWD द्वारा इनके विध्वंस पर तत्काल रोक लगाने के संबंध में – अत्यावश्यक।

संदर्भ: (१) Pilibhit District Gazetteer, H.R. Nevill ICS, 1909 (२) महाभारत – वन पर्व, अश्वमेध पर्व (३) GPS: Lat 28.640402, Long 79.706436 (४) DM Pilibhit Meeting – 04 June 2026

माननीय प्रधानमंत्री जी,

सादर प्रणाम एवं जय हिन्द।

मैं एक अधिवक्ता हूँ – 35 वर्षों की वकालत के बाद – तथा एक इतिहास शोधकर्ता एवं लेखक भी हूँ। मेरा जन्म पीलीभीत में हुआ है और मैं बरेली में निवास करता हूँ। मैंने "बरेली का इतिहास – भाग प्रथम" की रचना की है जो डॉ. प्रिया सक्सेना,

परिशिष्ट

HOD History, MJPRU Bareilly के मार्गदर्शन में लिखी गई और जिसे पांचाल संग्रहालय, बरेली में स्थान मिला है। माननीय प्रधानमंत्री जी, आपने सदैव भारत की ऐतिहासिक और सांस्कृतिक विरासत के संरक्षण को सर्वोच्च प्राथमिकता दी है। काशी, अयोध्या, मथुरा, हस्तिनापुर – इन सबको आपने नई पहचान दिलाई है। आज मैं आपके समक्ष एक ऐसी भूमि का प्रकरण लेकर आया हूँ जो इन सबसे भी पुरानी है – पीलीभीत – महाभारत की पावन भूमि।

१. पीलीभीत – महाभारत में उल्लिखित भूमि

महाभारत के अश्वमेध पर्व में पीलीभीत क्षेत्र का स्पष्ट उल्लेख है। यह उत्तर पांचाल राज्य की वन-सीमा थी – वही पांचाल जिसकी राजधानी अहिच्छत्र (आज का बरेली) थी और जहाँ द्रौपदी के पिता राजा द्रुपद का शासन था। इस भूमि पर राजा मयूरध्वज का राज्य था – श्रीकृष्ण के परम भक्त – जिनकी कथा महाभारत की सर्वाधिक मर्मस्पर्शी कथाओं में से एक है। गोमती नदी – जो पूरे पांचाल-अवध क्षेत्र की जीवन-रेखा है – का उद्‌गम इसी पीलीभीत की फुलहर झील से होता है। माननीय जिलाधिकारी पीलीभीत श्री ज्ञानेंद्र सिंह जी ने स्वयं बताया कि गोमती नदी गंगा से भी पुरानी है। अर्थात् यह भूमि भगीरथ से भी पहले की है – भगवान राम के पूर्वजों से भी पहले की।

## परिशिष्ट २

## पुरातात्विक सर्वेक्षण विभाग को शिकायत

To,

The Superintending Archaeologist,

ASI Lucknow Circle, Lucknow, Uttar Pradesh.

Date: 04 June 2026 Reference: Pilibhit District Gazetteer, H.R. Nevill ICS, 1909 | GPS: Lat 28.640402, Long 79.706436

Subject: Urgent Request for Protection and Scientific Excavation of Two Archaeological Sites of National Importance – (1) Balai Khera, Thana Jahanabad, District Pilibhit and (2) Raja Venu Ka Kila, Thana Pooranpur, District Pilibhit – and Immediate Stoppage of Ongoing Destruction by Road Construction Agencies (NHAI/PWD).

Respected Sir/Madam,

I am born in Pilibhit and currently residing in Bareilly, Uttar Pradesh. I am the author of the "Bareilly ka Itihaas" series, a comprehensive historical research series on the Rohilkhand region, undertaken under the guidance of Dr. Priya Saxena, Head of Department – History, Mahatma Jyotiba Phule Rohilkhand University (MJPRU), Bareilly, and based on research at the Panchal Museum, Bareilly and field visits to the Ahichchhatra archaeological site, Aonla.

On 04 June 2026, during a research field visit to Pilibhit district, I personally visited two archaeological sites of extraordinary historical significance. I write to you with utmost urgency to bring to your immediate attention the active destruction of Site 1 (Balai Khera) by road construction machinery and to request scientific protection and excavation of both sites.

SITE 1: Balai Khera – Thana Jahanabad, District Pilibhit

GPS Coordinates: Lat: 28.640402, Long: 79.706436 | Location Code: JPQ4+7WV, Jamlapur, Pilibhit 262001

Gazetteer Reference: Pilibhit District Gazetteer (H.R. Nevill, ICS, 1909) records Balai Khera as "the most important archaeological ruins in the district" – confirming its pre-documented status as a site of national archaeological significance.

A. Surface Finds – 04 June 2026:

Archaeological Find Description Probable Period

Northern Black Polished Ware (NBPW) Black metallic lustre, tri-layer sandwich firing – identical to Ahichchhatra finds 500-100 BCE

Painted Pottery Red ware with black bands – possible PGW 1200-500 BCE

Terracotta Figurine Animal/deity figurine with fire marks

– ritual context 300-600 CE

Terracotta Lamp (Diya) Scalloped edge oil lamp – puja context 300-600 CE

Human/Animal Bones Long bone, ribs – possible burial site Unknown – forensic examination required

Intact Brick Wall Mortar-bonded brick rows – temple/palace structure Pre-Gupta / Gupta period

Slag / Vitrified Material Evidence of kiln or metal smelting Any period – industrial site evidence

B. Active Destruction – URGENT:

On 04 June 2026, I personally witnessed NHAI/PWD road construction machinery (JCB and crane) actively cutting through this archaeological mound. The following irreversible damage is being caused:

- Intact ancient walls are being demolished by machinery
- Burial site bones are being scattered and destroyed
- NBPW pottery sherds are lying crushed on the road surface

- Archaeological strata (layers) critical for scientific dating, are being irreversibly disturbed
- Ancient Monuments Act 1958 Section 19/20 – construction without ASI NOC is a punishable offence

C. Photographic Evidence (GPS-Tagged):

Fig. 1: GPS-tagged mound section – Date: 04/06/2026, 09:55 hrs | Lat: 28.640402, Long: 79.706436

Fig. 2: Intact ancient brick wall with mortar – Gupta/pre-Gupta period structure

Fig. 3: Bone fragments visible in mound section – possible burial site

Fig. 4: Northern Black Polished Ware (NBPW) – 500-100 BCE – surface find at Balai Khera

SITE 2: Raja Venu Ka Kila – Thana Pooranpur, District Pilibhit

Location: Near Shahgarh Railway Station (~1 km), Puranpur Tehsil, Pilibhit | Mahabharata Reference: Kingdom of Raja Venu/Mayurdhwaj

This site is traditionally identified as the kingdom of Raja Venu (Mayurdhwaj / Mordhwaj), mentioned in the Mahabharata (Ashwamedha Parva) as a devotee of Lord Krishna and ally of Arjuna. The site is located in the same Panchala kingdom territory whose capital was Ahichchhatra (present-day Aonla, Bareilly) – a site already excavated by ASI in 1940-44 yielding Painted Grey Ware and confirming Mahabharata-era habitation.

Surface Finds – 04 June 2026:

- Carved Lotus Stone Sculpture: A well-preserved terracotta/stone piece with intricate lotus petal carving, beaded border – classic Gupta period motif (300-600 CE). Currently in the safekeeping of the temple priest at the site.
- Unusually Large Ancient Bricks: Oversized bricks consistent with Maurya/Gupta period construction.
- Two-Period Brick Layers: Visible in the mound section – earlier large red bricks below, later additions above – indicating multi-period habitation.
- Ancient Temple Mound: A temple built atop the mound, with a worshipped ancient figurine – indicating continuous sacred use since antiquity.
- 200-300 Year Old Banyan Tree: A large Banyan tree on the mound – a living witness to the site's antiquity.

Fig. 5: Carved Lotus Stone – Gupta period (300-600 CE) – Raja Venu ka Kila, Puranpur, Pilibhit

National Archaeological Significance – The Panchala Connection

Both sites are located within the ancient Panchala Kingdom – the same kingdom documented in the Mahabharata whose capital Ahichchhatra was excavated by ASI (1940-44), yielding Painted Grey Ware (PGW), Northern Black Polished Ware (NBPW), and thousands of artifacts confirming Mahabharata-era habitation. The NBPW found at Balai Khera is identical in character to the pottery found at Ahichchhatra – 40 km away. This strongly suggests that Balai Khera was a contemporary urban centre of the same civilization.

The Ministry of Culture, Government of India, has identified Mahabharata-linked sites as a top priority for excavation – with active work at Hastinapur, Sanauli and Rakhigarhi. Balai Khera and Raja Venu Ka Kila present a compelling case for inclusion in this national programme.

Legal Framework

- Ancient Monuments and Archaeological Sites and Remains Act, 1958: Sections 19 & 20 – any construction on or near a documented archaeological site without ASI NOC is a punishable offence. Balai Khera's documentation in the 1909 Gazetteer establishes its protected status.

- Ancient Monuments and Archaeological Sites and Remains (Amendment and Validation) Act, 2010: Prohibits construction within 100 metres of protected monuments.

- Bones/Human Remains: Discovery of human remains triggers legal obligation for forensic examination under CrPC and archaeological protocols.

Specific Requests

I most respectfully request the following urgent actions:

- 1. Immediate Stop-Work Order: Direct NHAI/PWD to immediately halt road construction at Balai Khera (GPS: Lat 28.640402, Long 79.706436) pending ASI survey.
- 2. Emergency Site Protection: Deploy protection at both sites – Balai Khera and Raja Venu Ka Kila – to prevent further damage or looting.
- 3. Scientific Excavation: Conduct a formal archaeological excavation of both sites under ASI supervision, with particular focus on the NBPW-yielding layers at Balai Khera.
- 4. Forensic Examination: Examine the bone fragments found at Balai Khera to determine whether they are human remains from a burial site.

- 5. Documentation of Carved Lotus Stone: Document and assess the Gupta-period carved lotus stone currently with the temple priest at Raja Venu Ka Kila, Puranpur.
- 6. Gazette Notification: Issue an official Archaeological Site Notification for both sites under the 1958 Act.
- 7. Coordination with DM Pilibhit: The District Magistrate, Pilibhit (copy marked) has been informed and is supportive – please coordinate with his office for site access and administration.

Sir/Madam, these are not ordinary ruins – they are the physical memory of a 2,500-year-old civilization. Every day of delay means irreversible loss. I am available at any time for a site visit alongside ASI officials and can provide all photographic evidence, GPS data and samples collected on 04 June 2026. I trust that the Archaeological Survey of India will act swiftly to protect this irreplaceable heritage for the nation.

Yours faithfully,

Rajat Bindal, Advocate
Author – "Bareilly ka Itihaas" Series

Historical Researcher | Born: Pilibhit | Resident: Bareilly, U.P.

Date: 06 June 2026

Enclosures:

- GPS-tagged photographs from field visit (04 June 2026) – 15+ images
- NBPW pottery sherds, terracotta figurines, lamp, bones – physical samples
- Pilibhit District Gazetteer (1909) – relevant pages
- Facebook post with 8,000+ views documenting public concern
- Copy of letter submitted to District Magistrate, Pilibhit

Copy to:

1. The District Magistrate, Pilibhit, Uttar Pradesh
2. The Superintending Archaeologist, ASI Lucknow Circle, Lucknow
3. The Secretary, Ministry of Culture, Government of India, New Delhi
4. The Director, UP State Archaeology Department, Lucknow
5. The National Monument Authority (NMA), New Delhi

परिशिष्ट – ३

## भारतीय पुरातत्व सर्वेक्षण (ASI) की आधिकारिक रिपोर्ट

*(PMO grievance पर ASI द्वारा प्रस्तुत surface inspection report का सारांश)*

> *"On the basis of surface inspection, and retrieved potsherds, bricks and other details the antiquity of the mound locally famous as Raja Venu ka Tila can be assigned to early medieval period while the earliest date for Balaikhera mound can be estimated to 7th-8th century CE. Further, it is stated that due to continuous cultivation and digging both of the mounds have lost its antiquarian evidences related to the past, therefore excavations at these sites by the ASI are not recommended. Since, these sites still represent some archaeological and historic values of the region therefore the applicant may be requested to contact the Uttar Pradesh State Archaeology Department, Chhattar Manzil Complex,*

> *Mahatma Gandhi Road, Kaiserbagh, Lucknow, Uttar Pradesh for the protection of this site. A past precedent can be emphasis here when recently, Uttar Pradesh State Archaeology Department has protected alike site Illabas Deval in the same region on recommendation of this office."*

*– भारतीय पुरातत्व सर्वेक्षण, PMO Grievance Response*

यह रिपोर्ट स्वयं में एक ऐतिहासिक दस्तावेज़ है। ASI ने बलाई खेड़ा की प्राचीनता 7वीं-8वीं शताब्दी ईस्वी और राजा वेणु टीले को प्रारंभिक मध्यकाल का माना। यह एक स्वतंत्र शोधकर्ता की खोज की सरकारी स्वीकृति है।

ASI ने खुदाई की अनुशंसा नहीं की – पर sites का ऐतिहासिक महत्व स्वीकार किया। और उत्तर प्रदेश राज्य पुरातत्व विभाग से संरक्षण का रास्ता सुझाया – जो इस लेखक का अगला कदम है।

परिशिष्ट – ४

## PMO Nodal Officer को अपील

*(ASI रिपोर्ट के आधार पर case बंद होने पर PMO portal पर दायर अपील – जून 2026)*

> *ASI report itself confirms antiquity of Balaikhera (7th-8th C CE) and Raja Venu Ka Tila (early medieval period) and acknowledges their "archaeological and historic values." Despite this, grievance was closed citing "cultivation damage." This reasoning is flawed. Key grounds for appeal: (1) Ongoing destruction: On 4 June 2026, NHAI was actively cutting through Balaikhera mound without archaeological clearance – violating AMASR Act 1958. DM Pilibhit Sh. Gyanendra Singh was briefed and took cognizance. (2) Rich surface findings: NBPW pottery (700 BCE-200 BCE), intact brick wall, human bones, Gupta era bricks and terracotta figurine – independently confirmed by academic expert as*

> *Gupta era or later. Such surface richness indicates far richer subsurface material. (3) Illabas Deval precedent: ASI itself cited protection of Illabas Deval – an alike site in same region. What distinguishes Balaikhera? Both sites deserve equal treatment. (4) MJPRU is considering formal excavation project – reflecting growing academic recognition. Prayer: Direct ASI to reconsider and order scientific excavation. Direct immediate site protection. Direct NHAI violation inquiry. Direct UP State Archaeology Department to protect these sites on priority – as done for Illabas Deval.*

*– एडवोकेट रजत बिन्दल, PMO Portal Appeal, जून 2026*

यह अपील इस बात का प्रमाण है कि एक स्वतंत्र शोधकर्ता ने न केवल इन स्थलों की खोज की – बल्कि उनकी रक्षा के लिए हर संभव मंच पर आवाज़ उठाई। प्रधानमंत्री कार्यालय तक।

परिशिष्ट

# आपके अपने नोट्स

# परिशिष्ट

www.ingramcontent.com/pod-product-compliance
Lightning Source LLC
LaVergne TN
LVHW052300200926
848481LV00002B/421